Kleine Wissenslektüre zum Mittelalter

Mit Geschichten und Fakten durchs echte Leben von damals

Peter Dorten

ISBN: 978-3-9827330-1-2

Inhaltsverzeichnis

Einführung

Das Mittelalter – eine Zeit zwischen Kreuz und Korn, Rauch und Rat, Alltag und Aberglaube.

Es begann grob gesagt mit dem Ende des Römischen Reiches um das Jahr 500 und endete gegen 1500 mit der Entdeckung Amerikas, dem Buchdruck und der Reformation. Dazwischen lagen tausend Jahre – nicht nur aus Burgen, Rittern und Klöstern, sondern auch aus Markttagen, Kaltwasserküchen und ganz normalen Menschen.

Dieses Buch erzählt vom echten Leben in jener Zeit – in kleinen Geschichten und klaren Fakten. Es zeigt, wie gearbeitet, gegessen, geliebt, gehofft und gestorben wurde.

Alles basiert auf historischen Grundlagen, bleibt aber immer zugänglich: ohne Kitsch, ohne Romantisierung – dafür mit einem Blick auf das, was sich verändert hat. Und auf das, was geblieben ist.

Kapitel 1

Alltag & Gesellschaft

Ein Tag auf dem Dorfplatz
Handel, Klatsch und Gerüchte

Das Leben einer Magd
Von Sonnenaufgang bis Sonnenuntergang

Der Müller und sein Rad
Technik trifft tägliches Brot

Kindheit im Mittelalter
Spielen, helfen, überleben

Frauen in der Stadt
Zwischen Markt, Haushalt und Werkstatt

Alte Redensarten heute noch lebendig

„Jemandem den Hof machen“

Wer um eine Dame warb, stellte sich bei ihr „am Hof“ ein – höflich, mit Geschenken oder Gedichten.
Der Ausdruck kommt aus der ritterlichen Minnezeit.

Ein Tag auf dem Dorfplatz

“Der Ruf der Trommel“

Irgendein Dorf im Reich – etwa um 1350
Die Morgensonne liegt wie flüssiges Gold auf dem staubigen Dorfplatz. Hunde bellen, Hühner gackern. Eine Trommel schlägt. Langsam versammeln sich die Leute. Klara, die Bäuerin, hat ihren Korb voller Eier auf dem Arm. Neben ihr schimpft der Schmied über das schlechte Eisen. Kinder jagen einem zerfledderten Ball hinterher, während ein Mönch laut das Evangelium zitiert.

Ein Herold verliest eine neue Anordnung: Der Zehnte wird dieses Jahr früher eingetrieben. Murren geht durch die Reihen, aber niemand sagt etwas Lautes.

Am Brunnen stehen zwei Frauen. Sie tuscheln über Grete, die angeblich mit dem Müller gesehen wurde – spät, zu spät, nach Einbruch der Dunkelheit. Ein paar Männer lachen. Einer sagt leise, dass der Müller eben ein gutes Mehl hat. Niemand lacht mit.

Der Gerber bietet seine Waren an, die wie immer etwas streng riechen.

Er wedelt mit einem Stück Leder und preist es als „weich wie ein Klosterkissen“ an. Eine Alte spuckt aus. „Ein Kissen, das stinkt wie dein Trog.“ Ein Gaukler wirbelt durch die Menge, ein Holzlöffel verschwindet aus einem Korb – war das ein Trick oder ein Diebstahl? Die Bäuerin schaut sich suchend um, dann schüttelt sie den Kopf und murmelt etwas von „Heut ist's wieder einer dieser Tage.“

Hinter dem Kircheneingang kauert ein blinder Bettler. Ein Kind steckt ihm ein Stück Brot zu. Die Mutter zieht das Kind schnell weg. „Der sieht mehr als du denkst“, sagt sie leise.

Als die Trommel wieder schlägt, löst sich die Menge auf. Der Tag geht weiter, als wäre nichts gewesen. Aber jeder hat etwas mitgenommen: ein Gerücht, einen Handel, einen Blick zu viel.

Historische Fakten

Der Dorfplatz war das Herz jedes mittelalterlichen Dorfes – kein schöner Ort, aber ein notwendiger. Wer etwas wissen, verkaufen oder verhandeln wollte, kam hierher.

Was dort passierte:

- **Nachrichten:** Herolde verlasen Befehle des Lehnsherrn, oft mit Trommel oder Horn angekündigt
- **Handel:** Bauern boten Eier, Käse oder Wolle an – selten viel, aber genug für Tausch oder Verkauf
- **Tratsch**: Der Brunnen war Ort für Gerüchte, Klatsch und soziale Kontakte
- **Rechtsprechung:** Strafen wie der Pranger oder Schandmasken wurden öffentlich vollzogen
- **Unterhaltung:** Gaukler, Spielleute oder wandernde Prediger sorgten für Abwechslung – und Ablenkung

Der Dorfplatz war öffentlich, laut und roh – hier war jeder sichtbar. Wer dort stand, wurde gehört, gesehen, beachtet oder gemieden.

Es war ein Ort der Gemeinschaft, aber auch der Kontrolle. Und für viele das Zentrum ihrer kleinen Welt.

Marktplatz heute:
Ein Ort zum Schlendern, Einkaufen und Plaudern – freiwillig, sicher und bunt.

Das Leben einer Magd

“Vor allen auf den Knien“

Herrenhof bei Magdeburg, um 1430
Noch vor dem ersten Hahnenschrei wacht Lene auf. Die Kammer ist kalt, das Stroh riecht nach Maus und altem Schweiß. Sie zieht sich leise an, nimmt die Holzschuhe in die Hand und schleicht über den knarrenden Flur. Die Herrschaft schläft noch.

In der Küche wartet das Feuer – oder das, was davon übrig ist. Lene pustet, schichtet Holz, entfacht das Feuer. Der Rauch brennt in den Augen. Noch sieht niemand, was sie tut. Und niemand wird es danken

Dann raus zum Brunnen. Der Weg ist matschig, der Eimer schwer. Wasser holen, zweimal, dreimal. Die Hühner schreien. Das Schwein quiekt. Alles will zuerst.

Zurück in der Küche knetet sie den Brotteig, der vom Vortag angesetzt wurde. Dann rührt sie im Haferschleim für die Knechte. Für die Herrschaft gibt’s später Eier, Speck und warmen Honigwein.

Mittags darf sie mitessen, aber erst, wenn alle anderen versorgt sind. Es gibt Graupen und Kohl. Die anderen Mägde reden kaum, jede kaut für sich. Danach schrubbt Lene das Geschirr, füttert die Tiere, näht ein zerrissenes Hemd, schüttelt Stroh aus den Decken der Schlafkammern.

Der Hausherr ruft sie. „Nur kurz“, sagt er. Er hat in sein Maß Bier zu tief geschaut. Lene kennt das. Sie schaut zu Boden, sagt nichts, geht schnell. Die Küche riecht noch nach Kohl, aber sie bleibt dort. Da ist es sicherer.

Abends schmerzen ihre Knie. Trotzdem schrubbt sie den Flur – wenn die Herrin mit der Fingerspitze über das Holz fährt, darf kein Staub am Finger sein.

Draußen kräht wieder ein Hahn – ein Irrläufer. Lene lacht leise. Der Tag endet wie er begann: mit Arbeit. Und dem Wissen, dass morgen alles von vorn beginnt. Kein Trost. Nur Routine.

Historische Fakten

Magd war kein Beruf – es war ein Dasein. Wer einmal drin war, kam selten wieder raus. Vor allem Frauen vom Land, ohne Mitgift oder Erbe, landeten in diesem harten Dienst.

Was zum Alltag gehörte:

- **Frühes Aufstehen:** Meist vor Sonnenaufgang – Feuer machen, Tiere füttern, Wasser holen
- **Körperliche Arbeit:** Putzen, waschen, kochen, nähen – ohne Pause, ohne Dank
- **Gehorsam:** Die Herrschaft bestimmte alles – auch über Freizeit, Kleidung und Essen
- **Lohn:** Kaum vorhanden – meist gab es nur Schlafplatz, Essen und Kleidung
- **Gefahr:** Übergriffe durch Hausherren waren keine Ausnahme – Schutz gab es kaum

Eine Magd war nützlich, solange sie stark war. Wurde sie krank oder schwanger, war sie schnell ersetzbar. Rechte hatte sie kaum – und reden durfte sie nur, wenn man es ihr erlaubte.

Ihre Welt war eng, ihre Hoffnung klein. Aber sie hielt vieles am Laufen, was andere für selbstverständlich hielten.

Mägde heute:
Es gibt Mindestlohn, Arbeitsverträge, Gewerkschaften und gesetzlich geregelten Kündigungsschutz.

Der Müller und sein Rad

“Weißer Staub, schwarzes Geheimnis“

Mühle bei Regensburg, um 1380
Die Mühle brummt. Immer gleich, immer laut. Das Wasserrad schlägt im Takt des Bachs, als wollte es die Zeit selbst antreiben. Hannes, der Müller, steht barfuß auf dem Holzbrett, prüft den Mahlstein. Staub liegt auf seinen Armen, in seinen Haaren, selbst in den Falten um die Augen.

Der Knecht bringt neue Säcke. Roggen, Gerste, ein bisschen Weizen. Hannes prüft die Ware, wiegt sie mit der bloßen Hand. „Zu feucht“, murmelt er. Er kennt das Korn, bevor er es mahlt.

Die Bauern warten draußen. Wer dran ist, bestimmt nicht die Reihenfolge, sondern wer wie viel zu bieten hat. Ein Stück Speck extra – oder ein paar Eier.

Drinnen läuft das Getriebe. Es quietscht und ruckelt, aber es hält. Hannes kennt jede Latte, jede Welle. Er weiß, wo man klopfen muss, wenn es hakt.

Der Staub ist überall. Die Mühle riecht nach altem Holz, Korn und Eisen. Die Luft ist trocken, schwer. Die Augen tränen, aber man gewöhnt sich dran.

Einmal in der Woche kommt der Zehntknecht. Der Herr will seinen Anteil – egal wie viel Regen fiel, egal wie gut oder schlecht das Korn war. Hannes gibt ihm Mehl ab, sorgfältig abgewogen, mit spitzen Fingern. Nicht mehr als nötig.

Als der letzte Sack gemahlen ist, wischt Hannes sich den Schweiß von der Stirn. Die Mühle kommt zur Ruhe – für ein paar Stunden. Dann beginnt alles von vorn.

Historische Fakten

Müller waren zentrale Figuren in jedem Dorf – wichtig, aber nicht immer beliebt. Sie standen zwischen den Bauern und dem Herrschaftssystem.

Was zum Müllerberuf gehörte:

- **Technikverständnis:** Mühlen waren komplexe Maschinen mit Zahnrädern, Riemen, Wellen – viel ging kaputt
- **Körperarbeit:** Säcke schleppen, Steine wechseln, Rad schmieren – nichts lief von allein
- **Vertrauen:** Bauern mussten ihr Korn abgeben und bekamen später das Mehl – Betrug war möglich
- **Abgaben:** Ein Teil des Mehls ging als Pacht oder Zehnt an den Lehnsherrn oder das Kloster

Trotzdem kam niemand an ihnen vorbei: Wer Brot wollte, brauchte den Müller. Und der Müller wusste das.

Müller heute:

Industriemühlen produzieren täglich Tonnen von Mehl, gesteuert von Computern, geprüft nach Norm.

Kindheit im Mittelalter

"Keine Zeit zum Träumen"

Dorf am Rhein, um 1320

Tjark ist acht. Er weiß nicht, ob das viel oder wenig ist – gezählt wird hier nur, was man tun kann. Und er kann schon viel: Wasser holen, Ziegen treiben, Unkraut jäten, Feuerholz sammeln.

Heute früh hat ihn der Vater mit einem Eimer geweckt. Zwei Schläge gegen den Holzrahmen – das reicht. Tjark war sofort wach.

Die Hühner sind entflohen, die kleinste Schwester hat geweint, und die Mutter hat wieder von den Engeln gesprochen, die das tote Baby geholt haben.

Tjark hört das, aber sagt nichts. Er zieht seine grobe Tunika über, nimmt das Messer, das er mit dem Bruder teilt, und geht los. Draußen ist Matsch. Immer ist irgendwo Matsch.

Mittags darf er beim Backen helfen. Mehl sieben, Brotteig rühren, die Schüssel sauber kratzen. Er tut es gern – die Küche ist warm. Und manchmal gibt es etwas vom Teig zu schlecken.

Dann ruft der Großvater. Holz muss gestapelt werden. Die Finger sind wund vom Tragen, aber er sagt nichts. Wer sich beschwert, ist faul – sagt der Vater.

Spielen? Das gibt es auch. Mit einem zerbeulten Ring aus Eisen. Oder beim Verstecken mit den anderen Kindern hinter der Scheune. Meist geht's nicht lange. Irgendjemand braucht immer Hilfe.

Als die Glocke der Kirche abends läutet, sitzt Tjark mit schmutzigen Füßen und müden Armen am Herd. Die Mutter legt ihm eine Hand auf die Schulter. Er sagt nichts. Aber er spürt sie.

Historische Fakten

Kindheit war keine Schonzeit – sie war die Vorbereitung aufs Überleben. Wer laufen und tragen konnte, half mit. Spielen war zweitrangig.

Was Kindsein damals bedeutete:

- **Frühe Einbindung:** Schon ab 5–6 Jahren halfen Kinder bei Haus- und Feldarbeit
- **Schule nicht für alle:** Unterricht gab es nur für wenige – meist Jungen aus besseren Familien
- **Hohe Sterblichkeit:** Viele Kinder starben früh – Krankheiten, Unfälle, Hunger
- **Kaum Spielzeug:** Gespielt wurde mit Naturmaterialien oder einfachen selbstgebauten Dingen
- **Harte Erziehung:** Gehorsam und Arbeitseifer waren wichtiger als Zuneigung
- **Unklare Altersgrenzen:** Es gab kein festes Ende der Kindheit – mit Beginn der Pubertät galten Kinder oft als arbeitsfähige Erwachsene
- **Pflichten statt Rechte:** Kinder hatten keine juristischen Rechte – sie gehörten rechtlich zur Familie, nicht zur Gesellschaft

- **Religiöse Prägung:** Viele Kinder lernten früh zu beten, liturgische Texte zu sprechen oder Messen zu besuchen – Glaube strukturierte den Alltag
- **Unterschiede zwischen Stadt und Land:** In Städten war die Kindheit oft kürzer – viele Kinder gingen schon mit 7 oder 8 Jahren in die Lehre

Kindsein bedeutete, schnell zu lernen, leise zu sein und möglichst wenig Last zu machen. Wer Glück hatte, bekam Zuwendung – wer Pech hatte, bekam Hiebe. Und wer stark war, überlebte.

Kinder heute:
Schulpflicht, Kinderrechte und Schutzgesetze sollen Kindern Sicherheit, Bildung und Freiraum geben – auch wenn das nicht überall auf der Welt gelingt.

Frauen in der Stadt

“Drei Ellen feinstes Tuch“

Handelsstadt Lübeck, um 1470
Elsbeth steht hinter dem Ladentisch. Ihr Kleid ist schlicht, die Schürze frisch gewaschen. Vor ihr liegt ein Stück Tuch, fein gewebt, bläulich-grau. Drei Ellen hat der Kaufmann verlangt – für die Tochter zur Hochzeit.

Sie misst genau, zieht mit ruhiger Hand das Messer. Schneidet. Wickelt auf. Redet wenig. In der Stadt redet man besser nur, wenn es nötig ist. Der Laden gehört ihr nicht. Der Name draußen ist der ihres Mannes – aber der liegt krank im Bett, schon seit Wochen. Die Kundschaft kommt trotzdem. Elsbeth kennt jede Ware, jede Zahl, jeden Schuldschein.

Ein junger Kleriker will auf Kredit kaufen. „Beim nächsten Vollmond“, sagt er. Sie hebt eine Braue. „Zwei Tage früher“, sagt sie. Er nickt. So läuft das. Mittags schickt sie das Mädchen mit einem Tuch zur Kräuterfrau – die alte Runa hat etwas gegen Fieber. Danach kehrt sie zurück, näht weiter am bestellten Hemd für den Stadtrat.

Draußen lärmt der Markt. Ein Bäcker ruft seine Brote aus, ein Gaukler schlägt Purzelbäume. Elsbeth hört es kaum. Ihre Gedanken sind beim Schuldenbuch.

Abends, wenn sie den Laden schließt, zählt sie die Münzen. Silber, Kupfer, ein paar Heller. Der Tag war gut. Der Mann wird vielleicht wieder gesund. Und wenn nicht – der Laden bleibt trotzdem.

Historische Fakten

Stadtluft machte frei – aber nicht gleich. Frauen hatten mehr Möglichkeiten als auf dem Land, doch ihr Spielraum blieb begrenzt.

Was Frauen in der Stadt durften – und was nicht:

- **Arbeiten:** Viele Frauen führten Läden, Marktstände oder Werkstätten – oft offiziell „für den Mann"
- **Zunft-Mitgliedschaft:** Nur selten erlaubt – meist durch Witwenrecht oder als Ausnahme
- **Erben und Verwalten:** Witwen konnten Betriebe weiterführen, wenn keine männlichen Erben vorhanden waren
- **Mitverdienen:** In Handwerkerfamilien arbeiteten Frauen regelmäßig mit – unbezahlt, aber unentbehrlich
- **Rechtsstatus:** Frauen galten juristisch als „begrenzt geschäftsfähig" – Verträge brauchten oft männliche Zustimmung
- **Gesellschaftliches Ansehen:** Händlerinnen, Näherinnen, Wirtsfrauen – Frauen mit Geld und Verstand gab es, aber Respekt war keine Selbstverständlichkeit

- **Schrift und Zahl:** Viele Stadtfrauen konnten lesen, rechnen, Listen führen – besonders in Handelsstädten wie Lübeck, Köln oder Augsburg

Die Stadt bot mehr Spielraum – aber selten Gleichheit. Frauen bewegten sich zwischen Möglichkeiten und Mauern. Wer klug war, fand ihren Weg. Wer Pech hatte, fand sich vor dem Rat wieder.

Frauen heute:
Zugang zu Bildung, Beruf, Eigentum und politischer Mitbestimmung ist gesetzlich garantiert.

Alte Redensarten heute noch lebendig

„Etwas auf dem Kerbholz haben"

Schuld oder Schulden wurden früher mit Kerbholzstäben notiert – ein eingeritzter Strich pro Betrag. Wer viel „auf dem Kerbholz" hatte, stand in der Kreide.

Kapitel 2

Berufe & Handwerk

Der Schmied
Feuer, Eisen, Muskeln

Der Bader
Hygiene, Aderlass und Gerüchteküche

Wandergeselle auf Reisen
Abenteuer auf staubigen Straßen

Die Weberin
Zwischen Faden und Existenz

Der Totengräber
Beruf mit düsterer Perspektive

Der Schmied

“Funkenflug“

Dorfwerkstatt bei Nürnberg, um 1290
Uli der Schmied, hebt den Hammer. Schlag, Schlag, Schlag. Das glühende Eisen auf dem Amboss gibt nach, formt sich unter der Kraft seiner Arme. Funken fliegen, die Werkstatt riecht nach Metall und Kohle.

Der Knecht vom Gut steht ungeduldig in der Tür. Vier Hufeisen braucht er. „Noch nicht kalt genug“, knurrt Uli. Er arbeitet weiter. Wer drängt, bekommt schiefes Eisen.

Der Blasebalg schnaubt, der Lehrjunge bringt frische Kohle. Dampf zischt, als Wasser auf das glühende Eisen trifft. Uli denkt nicht viel – er tut, was getan werden muss. Alles, was mit Metall zu tun hat, landet früher oder später bei ihm.

In der Ecke liegt eine Sichel, zerbrochen. Ein Bauer hatte sie gestern gebracht. „Mach's wieder heil.“ Uli hat nur genickt. Ob das klappt, wird sich zeigen.

Später bringt eine Frau ein altes Messer, die Spitze fehlt. „Könnt Ihr das noch schärfen?“ – „Wird kürzer.

Aber scharf.“ Sie nickt. Uli legt es zu den anderen. Eins nach dem anderen.

Abends, wenn das Feuer langsam verlischt, klopft er die letzten Funken aus dem Tag. Morgen geht es weiter – mit Hammer, Glut und Geduld.

Historische Fakten

Der Schmied war kein einfacher Handwerker – er war Kraft, Können und manchmal die letzte Hoffnung, wenn etwas zerbrach.

Was den Schmied ausmachte:

- **Zentrale Rolle im Dorf:** Ohne ihn keine Hufeisen, Werkzeuge, Pflugscharen, Türangeln, Nägel oder Messer
- **Feuer und Kraft:** Geschmiedet wurde bei großer Hitze – mit Muskelkraft, Augenmaß und Erfahrung
- **Werkzeugvielfalt:** Amboss, Zangen, Hammer, Blasebalg, Esse – alles selbst gefertigt oder angepasst
- **Ausbildung:** Lehrzeit von mehreren Jahren, oft im eigenen Dorf oder bei einem Verwandten
- **Bezahlung:** Nach Werkstück – in Naturalien oder Münzen, je nach Ort und Auftraggeber
- **Militärische Bedeutung:** In Kriegszeiten fertigte der Schmied Pfeilspitzen, Helme, Schwerter oder Rüstteile
- **Magischer Ruf:** Wegen Feuer, Funken und Metall sagte man dem Schmied besondere

- Kräfte nach – manche mieden ihn, andere verehrten ihn
- **Sozialer Status:** Respektiert, aber selten reich – viele lebten von Auftrag zu Auftrag
- **Werkstattleben:** Oft Treffpunkt im Dorf – hier wurde nicht nur geschmiedet, sondern auch geredet, gelacht und gestritten

Der Schmied war mehr als nur ein Handwerker. Er war ein fester Pfeiler im Alltag – laut, rußig, unverzichtbar.

Schmiede heute:
Schmiedekunst ist ein spezialisiertes Handwerk – ersetzt durch Maschinen, modernisiert, aber nicht ganz verschwunden.

Der Bader

“Scharfes Messer, loses Maul““

Kleinstadt bei Speyer, um 1450
„Einmal Rasur, Schröpfung und den Finger schauen“, sagt der Mann, der sich auf die Bank setzt. Der Bader nickt, prüft das Messer. Die Klinge ist noch scharf vom Morgen.

Die Schüssel wird gefüllt, der Dampf steigt auf. Es riecht nach Lavendel – schwach, aber besser als nichts. Der Bader pfeift leise durch die Zähne. Die Hände sind ruhig, das Gespräch läuft von selbst.

„Der Müller hat wieder seine Tochter verjagt“, sagt der Mann. Der Bader nickt. „Hab ich gehört.“ „Und die Magd vom Pfarrer soll schwanger sein.“ Der Bader zuckt mit den Schultern. „Könnte stimmen. Oder nicht.“ Die Klinge fährt über die Haut, sauber, ohne Schnitt.

Dann kommt das Schröpfglas. Ein bisschen Feuer, ein bisschen Ziehen. „Tut gut“, sagt der Mann. „Hilft gegen die Galle“, sagt der Bader. Ob es stimmt? Wer weiß. Hauptsache, der Rücken wird rot.

Er sieht sich den Finger an – eine Schwellung. „Abwarten. Umschlag mit Zwiebel und Bierhefe." Der Mann nickt. Lässt einen Heller auf dem Tisch liegen.

Als der nächste Kunde kommt, steht das Wasser schon wieder auf dem Feuer. Der Bader wetzt das Messer, gähnt, wischt sich die Hände an der Schürze ab.

Die Leute reden viel – aber sie kommen wieder. Und solange sie zahlen, hört er zu. Oder eben auch nicht.

Historische Fakten

Der Bader war Friseur, Heiler, Wundpfleger, Gerüchtezentrale. Eine Mischung aus Medizin und Alltagskunst – mit unklarem Ruf, aber vollem Terminkalender.

Was ein Bader alles tat:

- **Rasieren und Haareschneiden:** Der Ursprung des Berufs – oft täglich gefragt
- **Aderlass und Schröpfen:** Galt als wichtig zur „Ausleitung schlechter Säfte" – besonders bei Fieber oder Schmerzen
- **Zahnziehen:** Schnell, grob, meist ohne Betäubung – aber besser als nichts
- **Salben und Umschläge:** Hausmittel aus Kräutern, Fett, Alkohol oder Urin
- **Badebetrieb:** Viele Bader führten ein öffentliches Bad – oft mit mehreren Wannen, Dampfbad, Wärmekammer
- **Chirurgische Eingriffe:** Kleinere Schnitte, Splitter ziehen, Wundversorgung – kein Arzt, aber nahe dran
- **Zugehörigkeit:** Keine Ärzte – standen außerhalb der Universitätsmedizin, oft unter Aufsicht der Stadt

- **Sozialer Treffpunkt:** Beim Bader wurde nicht nur behandelt – dort wurde getratscht, gelacht, geplant
- **Ruf:** Zwischen geschätzt und verspottet – Bader waren wichtig, aber nicht immer ernst genommen

Der Bader war kein Wissenschaftler – aber oft die einzige Hilfe weit und breit. Und wer Schmerzen hatte, nahm, was es gab.

Bader heute:
Medizinische Berufe sind staatlich geregelt, mit Ausbildung, Standards und klarer Trennung von Heilkunde und Wellness.

Wandergeselle auf Reisen

"Zwei Sohlen, ein Ziel"

Straße nach Erfurt, 1465
Die Sonne steht schon tief, als Jakob das nächste Dorf erreicht. Die Füße schmerzen, die Stiefel sind vom Regen weich geworden. Sein Mantel flattert im Wind, das Werkzeug liegt schwer auf dem Rücken.

Drei Wochen ist er nun unterwegs – von Werkstatt zu Werkstatt, von Stadt zu Stadt. Die Walz. Pflicht, aber auch Abenteuer.

Im Wirtshaus mustert man ihn misstrauisch. Fremd ist fremd. Doch als er sich an den Tisch setzt, rollt er ein Stück Leder aus. „Schuster aus Ulm", sagt er. „Ehrlich, geprüft, versiegelt."

Der Wirt nickt knapp. „Zimmer frei. Zwei Pfennig, warmes Wasser extra." Jakob zahlt ohne Feilschen. Das Bad ist's wert.

Später sitzt er am Feuer, erzählt vom Meister in Mainz, vom Stadttor in Worms, vom alten Gesellen, der immer denselben Witz erzählt. Die Bauern lachen. Einer reicht ihm ein Stück Brot.

Jakob schneidet es, langsam, dankbar. Wer auf Wanderschaft ist, lebt von Handwerk, Zufall und offenen Türen.

Am Morgen geht er weiter. Neue Strecke, neuer Ort, neue Chance. Die Sonne im Rücken, das Ziel noch fern – aber jeder Schritt zählt.

Historische Fakten

Die Walz – die mehrjährige Wanderschaft – war für viele Handwerksgesellen verpflichtend. Sie sollte sie bilden, prüfen und vorbereiten auf den Meisterstatus.

Was die Wanderschaft bedeutete:

- **Dauer:** Meist drei Jahre und ein Tag – ohne Rückkehr nach Hause in dieser Zeit
- **Zweck:** Erfahrung sammeln, neue Techniken lernen, sich im echten Leben bewähren
- **Pflicht für Meisterprüfung:** In vielen Zünften nur nach der Walz zum Meister zugelassen
- **Erkennungszeichen:** Wanderstab, Ohrring (bei manchen Berufen), Werkzeugrolle, Kleidung je nach Zunft
- **Übernachtung:** Bei anderen Handwerkern, in Herbergen oder auf dem Stroh in Scheunen
- **Zunftregeln:** Streng – keine Frau, kein fester Wohnsitz, keine Schulden machen
- **Sprache und Ehrenkodex:** Eigene Begriffe und Umgangsformen, Ehrenworte, Handschlag-Rituale
- **Risiken:** Wegelagerer, Hunger, Krankheit, Ablehnung durch misstrauische Dorfgemeinschaften

- **Gewinn:** Lebenspraxis, Fertigkeit, Netzwerk – und Geschichten für ein ganzes Leben

Die Wanderschaft war nicht nur Pflicht – sie war eine Schule fürs Leben. Und jeder, der sie beendete, hatte sich seinen Platz erarbeitet.

Wandergesellen heute:
Die Tradition der Walz existiert noch – freiwillig, organisiert und international anerkannt.

Die Weberin

“Faden für Faden“

Weberstube in Ulm, 1310

Greta sitzt am Webstuhl. Der Raum ist eng, das Licht schwach. Ihre Finger gleiten über die Kettfäden, das Schiffchen schießt durch, Tritt, Schuss, Tritt. Es ist ein einfaches Muster, aber gleichmäßig.

Vier Ellen hat der Kaufmann bestellt – feines Leinen, eng gewebt. Für Bettzeug, hat er gesagt. Greta fragt nicht. Sie webt.

Das Garn ist gut, aber teuer. Sie hat es vorgestern getauscht – drei Eier und ein Brot gegen einen Strang. Mehr war nicht drin. Wenn der Stoff fertig ist, bleibt vielleicht ein Rest übrig. Vielleicht.

Ihr Mann hackt Holz, die Kinder sammeln Brennnesseln fürs Abendessen. Greta zählt Fäden. Eins, zwei, drei – Fehler darf keiner drin sein.

Ein Knoten, kaum sichtbar, lässt sie stoppen. Sie trennt ihn vorsichtig, knüpft neu. „Nicht schludern“, hat ihre Mutter gesagt. „Weben heißt Geduld.“

Draußen bellen Hunde. Zwei Frauen gehen vorbei und lachen laut. Greta schaut kurz auf, sieht ihnen nach – dann webt sie weiter. Die Zeit vergeht nicht, sie wird gewebt.

Als das Abendlicht schräg durchs Fenster fällt, streicht sie die fertige Bahn glatt. Noch eine. Dann ist der Auftrag fertig – und vielleicht reicht es für ein Stück Seife.

Historische Fakten

Weberinnen waren oft Teil der ländlichen Hauswirtschaft – still, fleißig, unterschätzt. Ohne sie gab es kein Tuch, kein Hemd, kein Leben in Wärme.

Was das Weben ausmachte:

- **Heimarbeit:** Viele Frauen webten zu Hause – neben Kochen, Kinderversorgung und Vieh
- **Einfaches Gerät:** Webstuhl, Spindel, Haspel – alles manuell, alles zeitintensiv
- **Materialien:** Leinen aus Flachs war weit verbreitet, Wolle je nach Region, Seide selten
- **Lohnarbeit:** Wer gut weben konnte, bekam Aufträge – meist unterbezahlt, aber lebensnotwendig
- **Zunftregeln:** Nur Männer durften offiziell Meister sein – Frauen arbeiteten meist als Angehörige
- **Verkauf:** Auf Märkten, über Händler oder direkt an Haushalte – oft mit Tauschgeschäften verbunden
- **Feinarbeit:** Kleine Fehler konnten den Wert des ganzen Stücks mindern

- **Zeitaufwand:** Ein einfaches Tuch konnte Tage dauern – Weben war Präzision und Ausdauer
- **Symbolik:** Weben galt als weibliche Tugend – fleißig, unsichtbar, zuverlässig

Die Weberin war kein Beruf mit Namen – aber eine Leistung, die täglich zählte. Ohne sie hätte kaum jemand ein Hemd am Leib gehabt.

Weberinnen heute:
Textilarbeit ist maschinell, arbeitsteilig und international – Frauen weben heute selten selbst, aber oft für die Weltmärkte.

Der Totengräber

“Ein Maß tief“

Friedhof am Stadtrand von Trier, 1349
Die Glocke hat zweimal geschlagen. Einer der Mönche ist tot. Es ist der dritte in dieser Woche. Gregor schultert die Schaufel, zieht die Kapuze tiefer ins Gesicht und geht. Der Morgen ist kalt, die Erde hart.

Er weiß, wie tief ein Grab sein muss. Er weiß auch, wo der Boden am wenigsten Wurzeln hat. Er redet nicht. Er gräbt.

Auf dem Weg begegnet ihm niemand. Früher haben die Kinder ihn gehänselt. Heute weichen ihm selbst die Erwachsenen aus.

Er riecht nach Erde und Schwefel, sagen sie. Er bringt Unglück. Gregor hört das seit Jahren. Es macht ihm nichts mehr aus. Meistens.

Der Friedhof liegt still zwischen den Feldern. Ein Kreuz aus Holz ist schon vorbereitet. Das Seil liegt bereit. Gregor beginnt zu graben. Die Erde ist zäh, klamm, schwer.

Er denkt nicht viel dabei. Nur an die nächste Lage Bretter. Und an das Brot, das er sich davon kaufen kann. Wenn es noch welches gibt.

Als der erste Regen fällt, ist das Loch fast fertig. Gregor wischt sich den Dreck vom Gesicht, lehnt sich auf die Schaufel.

Er sieht in die Grube – und dann wieder zum Himmel. Morgen wird er sie zuschütten. Heute noch nicht.

Historische Fakten

Totengräber gehörten zum festen Bestandteil jeder Gemeinde – meist arm, oft gemieden, aber unverzichtbar.

Was den Beruf des Totengräbers prägte:

- **Einfache Herkunft:** Totengräber waren meist Bauern oder Hilfskräfte ohne Ausbildung
- **Niedrigster Rang:** Viele galten als unrein – wegen des Kontakts mit dem Tod
- **Körperlich hart:** Gräber wurden per Hand ausgehoben, oft bei jedem Wetter und meist allein
- **Bezahlung:** Gering – meist in Naturalien oder kleinen Münzen, oft vom Kirchspiel oder Kloster
- **Hohe Belastung:** Besonders während Seuchenzeiten – viele Gräber pro Tag, unter Lebensgefahr
- **Religiöser Rahmen:** Meist in kirchlicher Aufsicht – mit bestimmten Gebeten und Abläufen
- **Kein Schutz:** Totengräber hatten kaum Rechte – wenn sie starben, kam der nächste
- **Verachtet, aber gebraucht:** Ohne sie kein Begräbnis, keine Ordnung, kein Trost für die Lebenden

- **Manchmal mehr:** Einige übernahmen auch das Ankleiden der Toten, das Beten oder einfache Segnungen

Der Tod war im Mittelalter allgegenwärtig. Der Totengräber war der Letzte, der kam – und der Erste, den man vergessen wollte.

Totengräber heute:
Bestatter arbeiten nach festen Vorschriften, mit psychologischer Schulung und geregelten Arbeitszeiten.

Alte Redensarten heute noch lebendig

„Ein Fass aufmachen“

Wurde bei Festen tatsächlich getan – man machte ein Weinfass auf. Heute meint es: Etwas wird groß gefeiert oder unnötig aufgebauscht.

Kapitel 3

Glaube & Aberglaube

Ein Tag im Kloster

“Siebenmal am Tag “

Benediktinerkloster in der Eifel, 1408
Bruder Anselm erwacht mit dem ersten Glockenschlag. Es ist dunkel. Der Steinboden kalt. Kein Wort, kein Licht, kein Zögern. Heute wie gestern.

Er greift nach der Kutte, zieht sie über, schließt sich den anderen Brüdern an. Der Gang zur Kirche ist still. Matutin. Die erste von sieben Gebetszeiten.

Nach dem Gebet wird gearbeitet. Anselm sitzt in der Schreibstube. Pergament vor ihm, Tinte daneben. Seine Feder gleitet langsam über die Linie. Eine Abschrift des Matthäus-Evangeliums. Er kennt den Text. Aber jedes Wort zählt. Ein Fleck – und der Abt schickt ihn von vorn los.

Mittags gibt es Suppe. Dicke Bohnen, etwas Brot. Niemand spricht. Nur das Klappern der Löffel. Einer liest aus den Schriften vor. Danach: Siesta. Kurz. Dann Arbeit im Garten.

Anselm jätet, prüft die Kräuter. Lavendel gegen Unruhe. Minze für die Armen. Alles hat einen Zweck.

Nach der Vesper putzt er die Kirche. Er geht langsam, bedächtig. Die Flamme der Kerze zittert kaum. Als die Glocke zur Komplet ruft, faltet er die Hände. Siebenmal beten. Einmal schlafen. Kein Warum. Nur Ordnung.

Historische Fakten

Klöster waren Orte der Stille, Bildung, Disziplin – und der täglichen Arbeit. Das Leben dort folgte festen Regeln und geistlicher Struktur.

Was den Alltag im Kloster bestimmte:

- **Stundengebete:** Sieben feste Gebetszeiten täglich – von Matutin in der Nacht bis zur Komplet am Abend
- **Regel des Heiligen Benedikt:** Die Grundlage für viele Klöster – „Ora et labora" (Bete und arbeite)
- **Einfache Lebensweise:** Keuschheit, Gehorsam, Armut – alles war geregelt, jedes Detail bestimmt
- **Schreibarbeit:** Mönche kopierten Bücher, bebilderten Handschriften, bewahrten Wissen
- **Garten und Heilkräuter:** Viele Klöster hatten eigene Gärten für Selbstversorgung und Medizin
- **Schweigezeiten:** Gespräche waren eingeschränkt – besonders bei den Mahlzeiten
- **Gemeinschaft:** Alles wurde gemeinsam getan – Gebet, Essen, Arbeit, Schlaf

- **Feste Rituale:** Glockenschläge bestimmten den Tag – keine Uhr, keine Freiheit, keine Eile
- **Zugang:** Eintritt ins Kloster bedeutete oft den Bruch mit dem weltlichen Leben – für Männer wie Frauen

Ein Kloster war keine Zuflucht, sondern ein Lebensentwurf. Wer dort lebte, gab vieles auf – aber gewann einen festen Platz in einer geordneten Welt.

Klöster heute:
Viele existieren noch – als spirituelle Orte, Bildungsstätten oder Rückzugsräume, oft mit offener Tür für Besucher.

Die Heilerin

“Drei Blätter, keine Fragen“

Dorf am Rand des Spessarts, um 1362

Mare sieht die Frau schon von Weitem kommen. Blass, mit krummen Schritten, das Tuch tief ins Gesicht gezogen. „Der Bauch“, sagt sie, kaum angekommen. „Seit Tagen.“ Mare nickt. Fragt nicht weiter. Nicht hier. Nicht draußen. Sie deutet ins Haus.

Drinnen riecht es nach Salbei, Essig und Rauch. Die Katze springt vom Hocker, das Feuer knackt leise. Mare mischt – Rainfarn, ein Hauch Wermut, etwas Schafgarbe. „Dreimal am Tag. Nicht mehr.“

Die Frau zahlt mit Eiern. Flüstert ein Dank. Geht.
Später kommt ein Kind mit aufgeschlagenem Knie. Mare wäscht die Wunde, reibt sie mit Harz und Honig ein. Es schreit nur kurz.

Am Abend kommt ein alter Mann – Herzklopfen, sagt er. Sie gibt ihm Baldrian und leise Worte. Er geht langsamer zurück als er kam.

Mare sitzt noch lange am Feuer. Sortiert Wurzeln, trocknet Blätter. Draußen ruft jemand, flüchtig. Sie geht nicht raus. Nicht bei Nacht. Nicht mehr seit damals, als der Vogt sie hat rufen lassen.

Sie bleibt, wo sie ist. Und hofft, dass es morgen wieder nur Kratzer und kein Flüstern gibt.

Historische Fakten

Heilerinnen waren oft die einzige medizinische Hilfe im Dorf – mit Wissen aus Erfahrung, Überlieferung und Beobachtung.

Was sie wussten und konnten:

- **Kräuterkunde:** Salben, Tees, Tinkturen – aus Brennnessel, Beinwell, Ringelblume und vielen anderen
- **Wundversorgung:** Reinigung, Verband, natürliche Desinfektion – oft mit Honig, Alkohol oder Harzen
- **Geburtshilfe:** Viele halfen bei Geburten – als Hebammen oder stille Helferinnen
- **Heilwissen:** Überliefert durch Mütter, Großmütter, manchmal Mönche – nie schriftlich, nie offiziell
- **Keine Anerkennung:** Heilerinnen galten als nützlich – bis jemand starb. Dann wurde es gefährlich
- **Risiko der Verfolgung:** Wer zu viel wusste, zu viel half – wurde schnell zur Hexe erklärt
- **Verknüpfung mit Aberglauben:** Heilung und Magie lagen oft nah beieinander – vor allem in den Augen anderer

- **Einsamkeit:** Viele lebten am Rand der Dörfer – gebraucht, aber nicht ganz dazugehörig
- **Tauschhandel:** Bezahlung meist in Naturalien – kaum Geld, aber viel Dank (und Misstrauen)

Heilerinnen arbeiteten mit allem, was sie hatten – und trugen dabei das Risiko, alles zu verlieren.

Heilerinnen heute:
Naturheilkunde ist eine anerkannte Ergänzung zur Schulmedizin – mit Ausbildung, Standards und rechtlichem Schutz.

Die Angst vor Hexen

"Der Blick der Alten"

Süddeutsches Dorf, um 1485
Sie sitzt am Rand des Brunnens. Jeden Tag. Immer zur gleichen Zeit. Ihre Hände sind knotig, ihr Haar grau, die Augen fast durchsichtig. Die Kinder tuscheln, wenn sie vorbeigeht.

„Sie weiß, wenn Kühe krank werden", sagen sie. „Sie redet mit Krähen." – „Sie hat nie geheiratet."

Letzte Woche starb ein Kind. Fieber, zu schnell gekommen, zu schnell gegangen. Die Leute sagen, es war ein Zeichen. Die Mutter sagt, es war die Alte.

Gestern fiel ein Hahn tot um. Heute meidet man ihren Blick. Der Pfarrer spricht in der Kirche von Reinheit und Dunkelheit. Vom Glauben. Und von Prüfungen.

Abends stehen drei Männer vor ihrer Tür. Der eine trägt eine Fackel. Der andere ein Kreuz. Sie sagen, sie wollen nur reden. Sie sagen, sie fragen nur. Aber keiner will ihre Antwort hören.

Die Katze ist verschwunden. Ihre Hühner auch. In der Nacht flattert ein Zettel an ihrer Tür – mit einem Kringel und einem Loch. Das soll reichen.

In dieser Nacht bleibt das Dorf still. Am Morgen ist der Platz vor der Kirche leer. Und die Bank am Brunnen auch.

Historische Fakten

Die Angst vor Hexen wuchs im Spätmittelalter – aus Aberglauben, Misstrauen, Krankheit, Hunger und Machtmissbrauch.

Was diese Angst befeuerte:

- **Unwissen:** Krankheiten, Naturkatastrophen und Unglücke wurden oft „übernatürlichen" Ursachen zugeschrieben
- **Sündenbockmechanismus:** Frauen, die anders waren – alt, allein, klug, heilerisch – wurden schnell verdächtigt
- **Klerikale Hetze:** Kirchenmänner warnten vor Teufelspakten, nährten Misstrauen und Angst
- **Hexenhammer (Malleus Maleficarum):** 1486 erschienen – ein Handbuch zur Hexenverfolgung, voller Wahn und Gewalt
- **Folter:** Aussagen wurden erzwungen – mit Daumenschrauben, Streckbank, Wasserproben
- **Prozesse:** Oft ohne Beweise, mit Gerüchten als Grundlage – Urteil meist: schuldig
- **Strafe:** Verbrennung, Strangulation oder Wasserprobe – öffentlich, abschreckend, tödlich

- **Regionale Unterschiede:** In Deutschland besonders viele Prozesse – andere Länder wie Irland fast keine
- **Ende:** Im 18. Jahrhundert lässt die Verfolgung langsam nach, Letzte dokumentierte Hinrichtungen in Deutschland: 1756 (Würzburg) und 1775 (Kempten) In Europa allgemein: in Polen 1793, Schweiz 1782, Schottland 1727

Hexenverfolgung war keine dunkle Randnotiz – sie war das Ergebnis von Angst, Macht und einem System, das lieber Schuldige erfand, als Fragen zu stellen.

Hexen heute:

Der Begriff ist entzaubert – als historische Mahnung, aber auch Symbol für Selbstbestimmung und weibliche Stärke.

Pilgerreise nach Santiago

"Und immer weiter"

Nordspanien, auf dem Camino Francés, 1422
Die Sonne steht flach über dem Weg. Der Staub klebt in den Schuhen, die Beine brennen. Markus zieht den Hut tiefer und tastet nach der Muschel am Gürtel. Sie ist noch da.

Heute sind es elf Meilen. Vielleicht zwölf. Die letzte Herberge war voll. Er hat unter einem Baum geschlafen, eingewickelt in seinen Mantel. Es war kalt. Und laut. Einer hat geschnarcht wie ein Esel.

Ein Bauer gibt ihm Wasser, ohne Fragen. Ein anderes Mal ruft ihn ein Hund vom Weg. Zwei Mal wurde er fast bestohlen. Einmal hat ihn ein Kind in Astorga gesegnet.

Markus ist kein frommer Mann. Aber irgendwas hält ihn am Laufen. Die Schuld vielleicht. Oder die Hoffnung, dass etwas leichter wird am Ziel. Mittags trifft er eine Frau aus Lyon. Sie spricht kaum, aber sie lächelt. Sie hat ein Kind verloren, sagt sie. Dann sagt sie nichts mehr.

Später zieht er mit einem Mann aus Gent ein Stück weiter. Der spricht viel, fast zu viel. Aber es lenkt ab. Abends teilen sie ein Stück Brot, hart wie Stein – aber warm von der Hand.

Am Horizont sieht er die Türme von León flimmern. Noch 300 Meilen, sagen die alten Wegsteine. Markus zählt nicht mehr. Er geht einfach.

Historische Fakten

Pilgerreisen waren spirituelle Reisen – zu heiligen Orten, als Buße, aus Hoffnung, wegen eines Gelübdes. Santiago de Compostela war einer der wichtigsten Pilgerorte Europas.

Was eine Pilgerreise bedeutete:

- **Wegstrecken:** Wochen- oder monatelange Märsche – über Berge, durch Dörfer, bei Hitze und Kälte
- **Ausrüstung:** Mantel, Stab, Tasche, Wassergefäß – einfach und leicht
- **Erkennungszeichen:** Die Jakobsmuschel – Symbol für das Ziel in Santiago
- **Herbergen:** Klöster, Spitäler, manchmal Bauernhöfe – oft überfüllt, selten bequem
- **Motivation:** Buße, Dank, Gelübde, Heilung – oder aus Angst vor dem Fegefeuer
- **Gefahren:** Räuber, Krankheiten, Erschöpfung – nicht alle kamen an
- **Routen:** Der „Camino Francés“ war der bekannteste Weg – von Frankreich bis nach Galicien

- **Pilgerurkunde:** Wer das Ziel erreichte, bekam einen Nachweis – auch wichtig für das Seelenheil
- **Glaubenspraktik:** Unterwegs wurde gebetet, gesungen, geschwiegen – jeder auf seine Art

Pilgern war mehr als Reisen – es war eine Prüfung, ein Ruf, eine Hoffnung auf Vergebung. Und manchmal auch: ein Weg zu sich selbst.

Pilgern heute:

Viele gehen den Jakobsweg noch immer – aus religiösen, persönlichen oder kulturellen Gründen, oft gut ausgeschildert und digital begleitet.

Die Reliquie des Heiligen

“Ein Splitter vom Kreuz“

Wallfahrtskirche bei Köln, um 1503
Die Kirche ist voll. Das Licht fällt durch buntes Glas, Staub tanzt in der Luft. In der Mitte, in einer vergoldeten Kapsel: ein Splitter. Klein, bräunlich, unscheinbar.

„Vom Kreuz des Herrn“, sagt der Mönch. „Echt. Mit Urkunde.“ Die Leute nicken, flüstern Gebete. Manche weinen. Einer wirft eine Münze in den Opferkasten.

Johann steht hinten, presst die Mütze in der Hand. Seine Frau ist krank. Schon lange. Kein Arzt konnte helfen. Jetzt ist er hier – mit Hoffnung und zwei Silbergroschen. Er hat nicht viel. Aber wenn der Splitter Wunder wirkt, dann muss es sein.

Die Schlange vor dem Reliquiar ist lang. Manche streifen das Glas mit den Fingern, andere drücken Amulette dagegen, flüstern lateinische Wörter, die sie nicht verstehen. Ein Pilger aus Mainz erzählt, dass seine Tochter nach dem Besuch hier wieder laufen konnte. „Die Kraft war in der Luft“, sagt er. Johann nickt. Er will glauben.

Als er an der Reihe ist, legt ihm der Mönch das Reliquiar vorsichtig auf die Stirn. Es ist kalt. Johann spürt nichts – aber er sagt nichts. Nur ein leises „Amen“.

Zu Hause wird er erzählen, dass es sich warm angefühlt hat. Und dass es bestimmt hilft. Vielleicht tut es das auch. Vielleicht reicht der Glaube.

Historische Fakten

Reliquien – Körperteile, Kleidungsstücke oder Gegenstände von Heiligen – galten als heilig. Sie waren Glaubensquelle, Heilshoffnung und Wirtschaftsfaktor zugleich.

Was Reliquien bedeuteten:

- **Arten:** Knochen, Zähne, Tropfen Blut, Holzsplitter, Stoffreste – alles konnte Reliquie sein
- **Echtheit:** Manche waren geprüft und bestätigt, viele jedoch zweifelhaft oder gefälscht
- **Aufbewahrung:** In kunstvoll gearbeiteten Reliquiaren – oft aus Gold, Silber, Kristall
- **Funktion:** Schutz, Heilung, Wunder – viele Menschen glaubten an ihre Kraft
- **Pilgerorte:** Kirchen mit berühmten Reliquien wurden zu Zentren des Glaubens und Ziel von Wallfahrten
- **Ablass und Buße:** Wer Reliquien besuchte oder stiftete, konnte sich Sündenvergebung erhoffen
- **Handel:** Der Reliquienhandel war weit verbreitet – trotz kirchlicher Kritik

- **Zweifel und Reform:** Schon im Spätmittelalter regte sich Kritik – von Theologen und Gläubigen gleichermaßen
- **Glaube und Geschäft:** Reliquien brachten Ansehen, Macht und Einnahmen – für Kirchen wie für Städte

Ob echt oder nicht – Reliquien wirkten. Weil viele glaubten, dass sie es konnten. Und manchmal war allein dieser Glaube stärker als jede Medizin.

Reliquien heute:
Noch immer Teil katholischer Tradition – doch meist mit kritischer Einordnung und begrenzter Bedeutung im Alltag.

Alte Redensarten heute noch lebendig

„Ins Fettnäpfchen treten“

In mittelalterlichen Haushalten standen Näpfe mit Fett zum Kochen oder Salben bereit. Wer unachtsam war, trat hinein – heute bedeutet's: sich verbal blamieren.

Kapitel 4

Herrschaft & Ordnung

Im Dienst des Ritters
Kein Glanz ohne Schweiß

Ein Tag beim Burgherrn
Verwaltung, Jagd und Diplomatie

Der Pranger auf dem Marktplatz
Strafe als Spektakel

Die Zunftversammlung
Regeln, Ehre, Streit

Der Steuereintreiber kommt
Niemand freut sich

Im Dienst des Ritters

“Ehrenwort und Eisen“

Burg am Rand der Schwäbischen Alb, um 1288
Die Sonne trifft den Burghof in schrägem Winkel. Es riecht nach Leder, Eisen und nassem Stroh. Kuno, der Knappe, steht mit kribbelnden Armen und schwerem Atem neben dem Zielpfahl.

Zweimal hat er danebengeschlagen. Der Ritter hat es gesehen. „Noch einmal“, ruft Herr Ludewig. Kuno hebt das Holzschwert, nimmt Maß, schlägt – diesmal trifft er. Der Ritter nickt knapp. „Besser.“ Dann geht er.

Kuno atmet auf. Heute darf er mit zur Jagd. Aber nur, wenn er vorher den Sattel gesäubert und das Wams gebürstet hat.

Später im Wald darf er das Wild tragen. Ein Reh. Er trägt es allein, obwohl das Blut ihm an der Schulter klebt. Der Ritter sagt nichts – aber lässt ihn abends mitessen.

Braten, Brot, ein kleiner Schluck Wein. Kuno weiß: Das ist mehr, als viele bekommen.

Nach dem Mahl schleift er das Schwert. Heimlich zieht er es einmal aus der Scheide. Es glänzt. Schwer, aber schön.

Noch darf er es nicht führen. Aber er übt. Jeden Abend. Wenn niemand hinsieht, schlägt er in die Luft – für das, was kommen soll. Eines Tages, sagt er sich, wird es sein eigenes Schwert sein. Kein Holz, kein Üben mehr. Nur ein Ehrenwort. Und Eisen.

Historische Fakten

Der Ritter galt als Ideal – tapfer, treu, edel. Doch vor dem Glanz stand ein harter Weg. Und wer Ritter werden wollte, musste als Knappe lange lernen.

Was das Ritterleben ausmachte:

- **Adelspflicht:** Nur Adlige konnten Ritter werden – es war Standespflicht, nicht freier Beruf
- **Ausbildung:** Ab 7 Page, ab 14 Knappe – dann Dienst, Training und Erziehung bei einem Ritter
- **Training:** Reiten, Kämpfen, Turniere, Waffenpflege – täglich, unter Aufsicht
- **Dienst:** Knappen mussten tragen, putzen, begleiten, lernen – oft jahrelang
- **Rüstung und Pferd:** Teuer und schwer – eine Ritterausrüstung kostete ein Vermögen
- **Lehenswesen:** Ritter dienten einem Herren – oft als Militärmacht auf Abruf
- **Ehre und Glaube:** Ritter sollten christlich, treu und tapfer sein – das war das Ideal, nicht immer die Realität
- **Kampf und Krieg:** Viele Ritter starben jung – in Fehden, Turnieren oder auf dem Feldzug

- **Ritterwürde:** Wurde bei einer feierlichen Schwertleite verliehen – nicht automatisch

Der Ritter war weniger Held als harte Realität – voller Regeln, Pflichten und Abhängigkeiten. Der Weg dorthin war lang. Und endete oft im Staub.

Ritter heute:

Ritter heute: Ritterorden existieren noch – meist als Ehrenbezeichnung ohne militärische Bedeutung. Heute werden Personen für besondere Verdienste in Gesellschaft, Kultur oder Staat von weltlichen oder kirchlichen Institutionen in einen Ritterorden aufgenommen, etwa durch den britischen König oder den Vatikan.

Ein Tag beim Burgherrn

“Was Recht ist“

Höhenburg über dem Neckartal, 1277
Die Sonne fällt schräg durch das Fenster des Rittersaals. Auf dem Tisch liegt ein Pergament, daneben ein Tintenfass. Burgherr Dietmar hält die Feder in der Hand – krampfhaft, wie das Schwert einst.

Der Knecht steht schwitzend vor ihm. Er soll Holz gestohlen haben. Zwei Bündel. Für seine kranke Frau, sagt er. Dietmar hört zu, schweigt. Dann gibt er das Zeichen: ein Heller Strafe. Und drei Tage im Stall helfen. Das ist Gnade.

Danach spricht er mit dem Vogt über die Abgaben: zwei Bauern haben zu wenig geliefert. Einer sei krank, der andere betrunken. Dietmar runzelt die Stirn. Der Vogt soll nachsehen, nicht zu hart – aber sichtbar. Ein Herr muss stark sein. Und gerecht. Zumindest nach außen.

Mittags sitzt er mit seiner Frau im Obergeschoss. Es gibt Braten, Linsen, Most. Der Sohn darf am Tisch sitzen, aber nicht reden. Er soll lernen, sagt Dietmar.

Zuhören ist der Anfang von Führung.

Am Nachmittag empfängt er einen Boten. Nachricht vom Abt: Die Brücke im Tal ist beschädigt, das Kloster bittet um Hilfe beim Wiederaufbau. Dietmar nickt. Er wird fünf Männer schicken. Kein Wort über Geld. Der Ruf zählt.

Als die Sonne hinter den Hügeln verschwindet, lehnt sich Dietmar auf dem Balkon zurück. Drei Entscheidungen hat er heute getroffen, einen Streit geschlichtet, zwei Briefe diktiert. Morgen kommt der Schmied. Und der Zins ist fällig. Herr zu sein heißt, nie fertig zu werden.

Historische Fakten

Burgherren waren keine faulen Feudalherren – sie verwalteten Land, Menschen und Verantwortung. Ihr Alltag war geprägt von Verwaltung, Gerichtsbarkeit und Repräsentation.

Was zum Leben eines Burgherrn gehörte:

- **Lehnspflichten:** Der Burgherr war Vasall eines Fürsten – mit eigenen Rechten, aber auch Pflichten
- **Grundherrschaft:** Er verwaltete Bauernhöfe, Ländereien, Abgaben und Arbeitsdienste
- **Gerichtsbarkeit:** Bei kleineren Streitfällen entschied er selbst – oft im Burghof oder Rittersaal
- **Abgabenkontrolle:** Zehnt, Naturalien, Dienste – wer nicht lieferte, wurde zur Rechenschaft gezogen
- **Militärische Verantwortung:** Im Ernstfall musste er Männer stellen – oder selbst ins Feld ziehen
- **Schutzpflicht:** Er war verantwortlich für Straßen, Brücken, Wege – zumindest in seiner Umgebung
- **Repräsentation:** Gäste empfangen, Kontakte pflegen, Feste geben – der Herr stand im Blick

- **Schriftverkehr:** Briefe diktieren, Urkunden besiegeln – mit eigener Kanzlei oder durch einen Schreiber
- **Familiäre Rolle:** Auch im Haus war er das Zentrum – gegenüber Frau, Kindern, Bediensteten

Der Burgherr war kein König – aber in seinem Reich das Maß der Dinge. Und mit jeder Entscheidung wuchs auch die Last, sie tragen zu müssen.

Burgherren heute:
Burgen sind oft Museen, Hotels oder Kulturstätten – wer dort lebt, kümmert sich mehr um Denkmalschutz als um Zehnt und Zins.

Der Pranger auf dem Marktplatz

“Zunge binden “

Stadtplatz in Franken, um 1440
Es ist Markttag. Die Stände stehen dicht an dicht, es riecht nach Käse, Fisch und altem Heu. Kinder rennen, ein Gaukler balanciert auf einem Fass. Und mitten im Trubel: der Pranger.

Daran: Marta. Arme hoch, Kopf durch die Öffnung. Ihre Haare hängen wirr, das Kleid ist verschmutzt. Einer ruft: „Lügnerin!“ – ein anderer spuckt. Keiner hilft.

Sie soll gesagt haben, der Bäcker strecke das Mehl mit Kalk. Hat sie es wirklich gesagt? Vielleicht. Vielleicht nicht. Der Stadtrat hat entschieden: drei Stunden Pranger, zur Abschreckung.

Die Glocke hat geschlagen, die Leute kamen von selbst. Alle wollen es sehen. Keiner will es sein. Der Scharfrichter steht daneben, halb als Schutz, halb als Drohung. Marta sagt nichts. Ihre Lippen sind gepresst. Nicht aus Reue – sondern aus Trotz.

Ein Hund bellt. Zwei Jungen werfen Kohlblätter. Der Gaukler lacht. Dann geht er weiter.

Als die Glocke zum dritten Mal schlägt, kommt der Scharfrichter mit dem Schlüssel. Marta taumelt. Einer reicht ihr Wasser. Eine andere flüstert: „Ich hab's auch gehört."

Aber sagen wird es niemand mehr.

Historische Fakten

Der Pranger war keine Folter – aber eine Strafe. Öffentlich, demütigend, abschreckend. Er sollte nicht weh tun, sondern wirken.

Was der Pranger bedeutete:

- **Strafmittel:** Für kleinere Vergehen – Lüge, Diebstahl, Beleidigung, Ehebruch, falsches Maß
- **Ort:** Immer öffentlich – Marktplätze, Kirchenvorplätze, Brunnenanlagen
- **Formen:** Stehpranger, Schandbänke, Halsgeige, Schandmasken – mit oder ohne Texttafel
- **Ziel:** Bloßstellung, Gesichtsverlust, soziale Kontrolle
- **Dauer:** Stunden bis Tage – meist mit Glockenschlägen angekündigt und beendet
- **Begleitung:** Oft unter Aufsicht eines Stadtdieners oder Scharfrichters
- **Volksreaktion:** Spott, Beleidigungen, Würfe mit Abfall – selten Mitleid
- **Geschlechtsspezifisch:** Frauen besonders oft bei „Zungensünden“ betroffen – z. B. Tratsch oder Beleidigung

- **Langzeitwirkung:** Wer einmal am Pranger stand, trug oft lange den Ruf mit sich – auch nach verbüßter Strafe

Der Pranger war mehr als Holz und Eisen. Er war ein Ort der Macht – und der Angst. Wer dort stand, war nicht nur bestraft – er war öffentlich beschädigt.

Pranger heute:
Öffentliche Ehrenstrafen gibt es nicht mehr – doch soziale Medien und Schlagzeilen übernehmen oft die gleiche Rolle, noch bevor ein Gericht entscheidet.

Die Zunftversammlung

“Wer redet, muss arbeiten können“

Handwerkersaal in Straßburg, 1396
Ulrich zieht die Tür zum Saal auf. Der Geruch von Wachs, altem Holz und Menschen liegt in der Luft. An der Stirnseite sitzt der Altmeister, neben ihm der Schreiber. Auf der Tafel: Brot, Käse, ein Krug mit Dünnbier.

Heute geht es um die Neuregelung für Lehrlinge. Einer hat sich beschwert – zu viele Stunden, zu wenig Lohn. Das passt nicht allen.

Der Böttcher hebt die Stimme. „Früher hat keiner gefragt, wie lang der Tag ist!“ – „Früher war auch mehr Brot auf dem Tisch!“, ruft ein jüngerer Geselle.

Ulrich sagt nichts. Noch nicht. Er ist erst seit zwei Jahren Meister. Aber die Werkstatt läuft, und er hat drei Lehrlinge. Also hört man ihm zu.

Als er spricht, wird es still. „Wer redet, muss auch arbeiten können“, sagt er. „Wir dürfen uns nicht spalten.“

Einige nicken. Der Schreiber schreibt. Der Altmeister sieht zufrieden aus – oder müde.

Zum Schluss stimmt man ab. Mehrheit für die Neuregelung. Kein voller Lohn, aber ein Ruhetag alle zwei Wochen. Das ist mehr als vorher. Und weniger als nötig. Ulrich geht heim und denkt: Es war ein Anfang. Einer mit Splittern in der Hand.

Historische Fakten

Zünfte waren Zusammenschlüsse von Handwerkern – stark, regelnd, schützend. Sie bestimmten, wer arbeiten durfte, wie, wo und zu welchem Preis.

Was die Zünfte bestimmten:

- **Zugang zum Beruf:** Nur wer aufgenommen wurde, durfte als Geselle oder Meister arbeiten
- **Lehrzeit:** 2–7 Jahre, je nach Beruf – mit festen Regeln, Prüfungen und oft Unterkunft beim Meister
- **Meisterstück:** Abschlussarbeit, die über Aufnahme als Meister entschied – geprüft von der Zunft
- **Preise und Maße:** Wurden in der Zunft abgestimmt – zum Schutz vor unfairer Konkurrenz
- **Soziale Absicherung:** Zünfte unterstützten Mitglieder bei Krankheit, Alter oder Tod
- **Verantwortung:** Fehlerhafte Ware konnte bestraft werden – auch mit Pranger oder Berufsverbot
- **Mitspracherecht:** Entscheidungen wurden in Versammlungen getroffen – teils demokratisch

- **Repräsentation:** Zünfte hatten Wappen, Fahnen, eigene Kleidung – und Macht im Stadtrat
- **Ausschluss:** Frauen, Juden und Nichtbürger wurden meist ausgeschlossen oder nur als Ausnahmen zugelassen

Zünfte waren mehr als Berufsgemeinschaften. Sie regelten das Handwerk – aber auch das Leben. Und wer draußen stand, hatte wenig Chancen.

Zünfte heute:

Die meisten Zünfte wurden im 19. Jahrhundert abgeschafft – moderne Handwerkskammern haben ihre Rolle übernommen.

Der Steuereintreiber kommt

“Zwei Hühner, ein Blick“

Dorf in der Nähe von Passau, 1382

Die Tür geht auf, ohne dass jemand klopft. Der Steuereintreiber tritt ein, Mantel staubig, Blick kühl. Ein Schreiber folgt ihm, trägt eine Holztafel mit Wachsschicht.

„Steuerfälligkeit“, sagt der Mann. „Heute.“

Bäuerin Lene steht auf, wischt sich die Hände an der Schürze ab. Ihr Mann ist auf dem Feld. Die Kinder still. Sie sagt: „Wir haben wenig. Nur das, was ihr schon geholt habt.“

Der Eintreiber schaut sich um. Der Blick bleibt an einem Korb mit Eiern hängen. Dann an dem Hahn. „Zwei Hühner und den Hahn. Und ein Viertel Roggen. Für den Herrn“, sagt er. Kein Vorschlag. Ein Befehl.

Lene zögert. Dann nickt sie. Der Hahn kräht, als sie ihn fängt. Der Schreiber kratzt mit dem Stift Buchstaben in das Wachs.

Als sie die Tür hinter ihnen schließt, atmet sie aus. Die Kinder fragen nichts. Sie wissen, dass Fragen nichts ändern. Lene setzt sich. Morgen wird gebacken – mit weniger Mehl. Und ohne Eier.

Später kommt der Nachbar vorbei. Auch er hat Besuch bekommen. Nur dass sie ihm das letzte Schaf mitgenommen haben. „Der Eintreiber hatte einen neuen Gürtel“, sagt er leise. „Vielleicht aus unserem Leder.“ Lene sagt nichts. Aber sie sieht sich um. Alles, was zählt, ist noch da. Noch. „Erst holen sie den Hahn“, murmelt sie. „Dann fragen sie, wo die Eier bleiben.“

Historische Fakten

Steuern wurden nicht überwiesen – sie wurden eingefordert. Mit Listen, Wagen und oft mit Drohung. Wer nichts geben konnte, gab trotzdem.

Was Steuer bedeutete:

- **Arten von Abgaben:** Kopfsteuer, Haussteuer, Herdsteuer, Salzsteuer, Zehnt, Weggeld – je nach Region und Herrschaft
- **Naturalien statt Geld:** Viele gaben Getreide, Vieh oder Arbeitsdienste – Münzen waren knapp
- **Eintreiber:** Vom Herrn beauftragt, meist gefürchtet – oft mit Begleitung und Listen
- **Keine Mitbestimmung:** Höhe, Zeitpunkt und Umfang der Steuer wurden von oben bestimmt
- **Strafen:** Wer nicht zahlte, konnte mit Enteignung, Pranger oder Haft rechnen
- **Korruption:** Manche Eintreiber forderten mehr, als sie sollten – der Nachweis war schwer
- **Verwendungszweck:** Finanzierten Hof, Krieg, Kirchenbau, Feste – selten sichtbar für die Zahler
- **Keine Gerechtigkeit:** Arme zahlten oft anteilig mehr als Reiche – weil sie weniger Einfluss hatten

- **Regelmäßigkeit:** Einige Steuern waren jährlich, andere bei Bedarf – z. B. „Notpfennig“ oder „Kriegssteuer“

Steuer war kein System – sie war Macht. Und wer kam, nahm, was er konnte. Auch, wenn kaum noch etwas da war.

Steuern heute:
Sie kommen nicht mehr mit Mantel und Schreibtafel – aber sie kommen immer noch. Gesetzlich geregelt, per Bescheid und selten zur Freude.

Alte Redensarten heute noch lebendig

„Den Kopf verlieren"

Im Mittelalter war „den Kopf verlieren" oft ganz wörtlich gemeint – bei Strafen wie der Enthauptung.

Heute steht der Spruch für Aufregung, Nervosität oder fehlende Konzentration.

Kapitel 5

Essen & Trinken

Das Mahl im Bauernhaus
Einfach, sättigend, ehrlich

Braukunst der Frauen
Bier als Frauensache

Fastenzeit und Festgelage
Vom Verzicht zur Völlerei

Der Markt in der Stadt
Gewürze, Gemüse, Gedränge

Das Rezept der alten Nonne
Ein Blick ins klösterliche Kochbuch

Das Mahl im Bauernhaus

"Löffel für Löffel "

Ein Gehöft im Thüringer Wald, um 1325

Der Tag war lang. Der Rücken tut weh, die Hände sind rissig vom Wasserholen, vom Hacken, vom Flicken.

Jetzt ist es still. Die Schüssel steht auf dem Tisch, dampfend. Ein Topf voll Graupen, mit einem halben Kohlkopf. Mehr war heute nicht drin.

Mutter stellt das Brot dazu. Es ist hart, die Kruste rußt noch vom Backofen. Vater setzt sich zuerst, dann die Kinder. Niemand redet. Jeder weiß: Wenn es Essen gibt, redet man nicht.

Sie tauchen die Löffel nacheinander in den Topf. Kein eigener Teller, keine Eile. Jeder wartet, bis der nächste geschluckt hat. Löffel für Löffel.

Das Jüngste will mehr. Die Mutter zieht es sanft zurück. „Nicht heute." Der Vater trinkt den Rest des Dünnbiers, schüttelt den Kopf.

Draußen bellt ein Hund. Der Rauch zieht langsam aus dem Dachfirst.

Nach dem Essen wischen sie mit einem alten Lappen über den Tisch. Die Mutter kehrt Brotkrümel zusammen – nicht aus Sauberkeit, sondern weil morgen vielleicht nichts da ist.

Das Mahl ist vorbei. Und niemand ist satt. Aber alle leben noch.

Historische Fakten

Essen auf dem Land war schlicht, saisonal und oft knapp. Luxus war selten – satt werden war das Ziel.

Wie Bauern im Mittelalter aßen:

- **Grundnahrung:** Getreidebrei (Hirse, Dinkel, Hafer), Kohl, Bohnen, Zwiebeln – je nach Region
- **Fleisch:** Selten – meist Speck, gelegentlich Huhn oder Fisch an Feiertagen
- **Brot:** Grob, dunkel, oft mit Schrot gestreckt – gebacken im eigenen Ofen oder beim Gemeindebäcker
- **Milch und Käse:** Eher sauer, frisch oder getrocknet – haltbar gemacht für den Winter
- **Getränke:** Dünnbier oder Wasser – Wein und Honigwein waren teuer
- **Verteilung:** Der Hausherr aß zuerst, dann die Familie – Kinder zuletzt
- **Teller:** Oft wurde aus einem Topf gegessen – Holzlöffel wurden weitergereicht
- **Essenszeiten:** Meist zwei einfache Mahlzeiten pro Tag – morgens und abends

- **Hungerzeiten:** Schlechte Ernten, Winter und Abgaben führten oft zu Mangel – viele lebten an der Grenze zur Not

Das Essen war kein Fest – es war Überleben. Und jedes Brot war ein Stück Sicherheit, das hart verdient war.

Essen heute:
In vielen Teilen der Welt ist Nahrung verfügbar, vielfältig und sicher – aber Hunger und Ungleichheit sind längst nicht verschwunden.

Braukunst der Frauen

“Solange der Kessel dampft“

Dorfbrauplatz bei Lüneburg, um 1354
Der Kessel brodelt. Der Schaum steigt. Elsbeth rührt mit beiden Händen, der Schweiß steht ihr auf der Stirn. Das Malz ist gut heute, der Sud dunkel wie Walnussschale.

Die Tochter steht am Rand, schnuppert. „Süß“, sagt sie. Elsbeth lächelt. „Warte ab. Das wird bitter.“

Das Rezept hat sie von ihrer Mutter, die es von ihrer Schwester hatte. Es steht auf keinem Papier. Aber Elsbeth kennt jede Menge, jede Zutat, jeden Zeitpunkt. Drei Hände voll Hopfen, dann das Rühren gegen den Uhrzeigersinn. „Sonst wird's trübe“, sagt sie.

Am Abend bringt sie das Bier in Steinkrügen zum Markt. Es ist schwer, der Griff schneidet in die Finger. Aber das Bier verkauft sich gut – und ehrlich.

Ein Händler fragt, ob ihr Mann es gebraut habe. Sie lacht. „Er kann nicht mal Wasser heiß machen.“

In der Nacht zählt sie die Münzen. Es reicht für Mehl, für Salz, vielleicht sogar für Stoff. Morgen wird sie wieder brauen – solange der Kessel dampft, hat sie ihr Auskommen. Noch jedenfalls.

Historische Fakten

Brauen war im Mittelalter Hausarbeit – und damit Frauensache. Bier war Grundnahrungsmittel, nicht Vergnügen.

Was Frauen beim Bierbrauen leisteten:

- **Häusliche Braukunst:** Fast jede Frau auf dem Land braute für den Eigenbedarf – oder den Verkauf
- **Zutaten:** Malz, Wasser, Kräuter – später Hopfen (ab dem 11./12. Jahrhundert zunehmend üblich)
- **Ablauf:** Maischen, Läutern, Kochen, Abkühlen, Gären – alles mit einfachstem Gerät
- **Bierarten:** Dünnbier (für Kinder und Alltag), Starkbier (für Feste und Gäste)
- **Verkauf:** Überschuss wurde auf dem Markt angeboten – oft als Nebeneinkommen
- **Rezeptwissen:** Wurde mündlich weitergegeben – von Frau zu Frau
- **Anerkennung:** Frauen galten als gute Brauerinnen – bis das Brauen reglementiert wurde
- **Verdrängung:** Ab dem Spätmittelalter kamen Brauordnungen, Gilden, Steuerregeln – meist von Männern kontrolliert

- **Rückgang:** Frauen wurden nach und nach vom gewerblichen Brauen ausgeschlossen – oft mit dem Argument mangelnder „Zuverlässigkeit“

Die Frau am Braukessel war früher selbstverständlich – bis Geld und Macht das Geschäft übernahmen. Und die Frauen an den Rand rückten.

Brauen heute:
Bierbrauen ist ein technischer Beruf – Frauen sind zurück, aber nur noch selten in der Braumeisterrolle.

Fastenzeit und Festgelage

“Erst Verzicht, dann Überfluss“

Kirchspiel bei Regensburg, um 1478
In der Kammer riecht es nach Bohnen und altem Brot. Marta rührt in der Schüssel, drückt die Fischpastete vom Vortag flach. Kein Speck, keine Eier, kein Käse – es ist Fastenzeit.

Die Kinder schielen zum Regal, wo der Honigtopf steht. Er bleibt zu. Noch drei Wochen.

Ihr Mann sagt nichts. Er zählt die Kerben im Türbalken. „Fünf Tage bis Palmsonntag“, murmelt er. Marta nickt. Dann backt sie dünnes Fladenbrot – aus Wasser und Mehl, mehr nicht.

Der Magen knurrt, aber keiner klagt. Fastenzeit ist Gottes Wille. Und der Pfarrer sieht alles.

Aber im Hinterstübchen hängt schon der Schinken. Und das Fass mit Most ist angestochen, nur ein wenig. Die Gans ist bestellt. Und die Nachbarin hat versprochen, eine Apfeltorte zu bringen – mit Zimt.

Denn wenn Ostern kommt, soll der Tisch brechen vor Fülle.

Als es endlich soweit ist, duftet das Haus wie nie. Die Kinder singen, der Pfarrer trinkt, und Marta schneidet den Braten mit einem Messer, das sonst nur für besondere Gäste gedacht ist.

Für einen Tag ist alles da. Und niemand denkt an morgen.

Historische Fakten

Der christliche Jahreslauf war streng geregelt – mit langen Fastenzeiten und üppigen Festen. Beides gehörte zum Alltag.

Wie die Menschen fasteten – und feierten:

- **Fastenzeiten:** Vor Ostern (40 Tage), vor Weihnachten, teils auch mittwochs und freitags
- **Was verboten war:** Fleisch, tierische Fette, oft auch Milch und Eier – je nach Region und Zeit
- **Ausnahmen:** Kranke, Schwangere, Reisende – oft mit Dispens (offizieller Erlaubnis)
- **Fastenspeisen:** Fisch, Hülsenfrüchte, Brot, dünne Suppen – einfach und sättigend
- **Strenge:** Besonders in Klöstern und Städten mit aufmerksamer Kirchenaufsicht
- **Feste:** Ostern, Weihnachten, Hochzeiten, Kirchweihen – dann wurde aufgetischt
- **Speisen:** Braten, Geflügel, Käse, Kuchen, Most, Wein – oft wochenlang vorbereitet
- **Feste als Pflicht:** Einladungen, Gastfreundschaft, Tische für alle – aber auch Ansehen und Aufwand

- **Spannung:** Die Kluft zwischen religiösem Ideal und tatsächlichem Verhalten war groß

Der Mensch im Mittelalter lebte zwischen Verzicht und Überschwang – mal aus Glauben, mal aus Gewohnheit. Und beides hatte seinen festen Platz im Jahr.

Heute:
Fastenzeiten sind freiwillig, religiöse Feste individuell gestaltet – aber das Prinzip von Maß und Übermaß hat bis heute überlebt.

Der Markt in der Stadt

“Zwei Käse, kein Wechselgeld“

Stadtkern von Lübeck, um 1416
Der Platz ist voll. Zwischen den Ständen ruft der Bäcker, der Gerber flucht, der Fisch stinkt. Maria zieht den Korb enger an sich. Heute will sie Käse, ein paar Eier, vielleicht einen Stoffrest.

Aber zuerst muss sie zum Tuchmacher. Ihr Sohn wächst zu schnell für seine Hosen.

Ein Mann bietet ihr Wolle an, „fast neu, nur leicht mottenbestoßen“. Sie schüttelt den Kopf. Am Fischstand schlägt eine Frau laut auf den Tresen. „Der war gestern frischer!“ – „Dann hättest du ihn gestern kaufen sollen!“, ruft der Händler zurück.

Maria lächelt. Der Markt ist kein Ort für Sanftheit.
Am Gewürzstand riecht es nach Pfeffer, Zimt und fremden Ländern. Maria fragt nicht, woher das kommt – sie hat sowieso kein Geld dafür.

Dafür ist der Käsehändler gut drauf. „Zwei für einen, heute nur für dich.“ Maria nickt, legt die Münze hin – und wartet. Kein Wechselgeld.

“Komm nächste Woche wieder“, sagt er. Sie weiß, dass er das zu allen sagt. Aber der Käse ist gut. Und der Markt ist laut genug, dass keiner zuhört, wenn sie flucht.

Sie geht weiter. Noch vier Stände, dann ist der Korb voll – oder das Geld leer.

Historische Fakten

Der Markt war das Zentrum der Stadt – Treffpunkt, Handelsplatz, Bühne des Lebens. Wer verkaufen oder hören wollte, kam dorthin.

Was den Markt ausmachte:

- **Ort:** Meist auf dem zentralen Platz – umgeben von Kirche, Rathaus und Gasthäusern
- **Waren:** Lebensmittel, Stoffe, Gewürze, Werkzeug, Vieh – oft aus der Region, manchmal von weit her
- **Markttage:** Festgelegt von der Stadt – wöchentlich oder mehrmals pro Woche
- **Standgebühren:** Händler zahlten Miete – die besten Plätze waren teurer
- **Regeln:** Maße, Gewichte, Preise wurden kontrolliert – mit Eichmaß und Marktaufsicht
- **Strafen:** Wer beschummelte, wurde öffentlich getadelt – oder am Pranger bestraft
- **Stimmengewirr:** Marktschreier, Glocken, Prediger, Musiker – alles mischte sich
- **Kontakte:** Auf dem Markt wurden Nachrichten ausgetauscht, Gerüchte verbreitet, Bündnisse geschlossen

- **Soziale Vielfalt:** Händler, Städter, Bauern, Bettler – alles traf aufeinander

Der Markt war nicht nur Handel – er war Bewegung, Begegnung, Bühne. Wer dort war, war mitten im Leben.

Märkte heute:
Wochenmärkte und Supermärkte haben übernommen – aber das Prinzip bleibt: Wer laut ist, wird gehört. Und Wechselgeld gibt's immerhin, meistens.

Das Rezept der alten Nonne

“Eine Prise mehr“

Klosterküche bei Meißen, um 1469
Die Schwester steht am Herd. Die Kutte hat Flecken, das Haar ist grau, aber ihre Hände sind ruhig. Auf dem Holzbrett: Salbei, Fenchel, Wacholderbeeren.

„Für das Herz“, sagt sie. Die Novizin nickt und schreibt. Buchstaben krumm, aber eifrig.

Draußen singen die Schwestern Psalmen. Drinnen brodelt es leise. Die alte Nonne rührt mit einem Holzlöffel, der fast so alt ist wie sie selbst.

„Dreimal gegen den Uhrzeigersinn. Dann beten“, sagt sie. Die Novizin stockt – beten? Beim Kochen? Die Nonne lächelt. „Das Rezept wirkt besser, wenn du es machst.“

Sie gießt den Sud durch ein Tuch, tropfenweise in kleine Töpfchen. „Für den Abt. Für die Gicht.“

Dann holt sie ein zweites Rezept hervor – geheim, in Lumpen gewickelt. „Für Schmerzen, die niemand sieht.“ Der Blick der Novizin wird groß.

„Nicht jeder bekommt das. Und nicht jeder darf es weitergeben“, sagt die Schwester.

Dann nimmt sie einen Stift und schreibt nur zwei Worte auf den Rand der Seite: „Vertrauen. Schweigen.“

Historische Fakten

Klöster waren über Jahrhunderte Wissensspeicher – für Seelenheil, aber auch für Körperheil.

Was Nonnen (und Mönche) wussten und weitergaben:

- **Heilkräuter:** Lavendel, Salbei, Baldrian, Ringelblume – angebaut, geerntet, verarbeitet
- **Kochkunst:** Schlicht, aber nahrhaft – Suppen, Brote, Eintöpfe, mit Wissen um Wirkung
- **Rezepte:** Mündlich oder schriftlich – oft in Latein, teilweise verschlüsselt
- **Klosterheilkunde:** Mischung aus Glauben, Erfahrung und pflanzenbasierter Medizin
- **Frauenheilmittel:** Salben und Tees für Beschwerden, über die draußen niemand sprach
- **Schweigegebot:** Viele Nonnen unterlagen klösterlicher Verschwiegenheit – auch bei Heilrezepten
- **Überlieferung:** Hildegard von Bingen ist das bekannteste Beispiel – ihre Schriften wirken bis heute
- **Selbstversorgung:** Klöster waren autarke Systeme – mit Garten, Küche, Apotheke, Bienen und Brunnen

- **Vertrauen:** Menschen kamen mit Schmerzen, Not, Hoffnung – nicht mit Rezepten

Die alte Klosterküche war keine Apotheke – aber oft die einzige Hilfe. Und wer dort arbeitete, wusste mehr, als er sagen durfte.

Klosterwissen heute: Heilpflanzen sind wieder gefragt – viele Rezepte wurden modernisiert, geprüft und finden heute Platz in Naturmedizin und Reformhaus.

Alte Redensarten heute noch lebendig

„Das kommt mir spanisch vor“

Im Mittelalter galten spanische Sitten als streng, fremd und unverständlich – besonders am Hof. Wer etwas nicht verstand, sagte: „Das ist mir spanisch.“

Kapitel 6

Ereignisse & Bräuche

Das Jahrmarkt-Spektakel
Musik, Magie und Gaukler

Hochzeit im Dorf
Liebe, Pflicht und Tanz

Die Pest klopft an
Wenn plötzlich alles anders wird

Das Johannisfeuer
Licht, Hoffnung und Aberglaube

Winter in der Burg
Kälte, Vorräte und Geschichten am Feuer

Das Jahrmarkt-Spektakel

"Drehen, staunen, zahlen"

Vor den Toren von Speyer, um 1431
Der Jahrmarkt hat begonnen. Die Gaukler trommeln, der Bär tanzt, ein Mann mit rotem Bart verkauft Wunderwurzeln gegen alles. Maria hält ihre Kinder fest. Nicht, dass einer plötzlich mit einem Affen verschwindet.

Neben dem Brunnen dreht sich ein hölzernes Rad. Wer richtig tippt, bekommt einen Apfel. Wer falsch liegt, einen nassen Lappen.

Ein Jongleur wirft vier brennende Fackeln in die Luft – das kleine Mädchen kreischt vor Freude. Der Mönch neben ihr murmelt was von Eitelkeit. Aber die Leute lachen. Heute ist kein Tag für Moral.

Am Stand mit kandierten Nüssen duftet es süß und verboten. Maria kauft drei Stück, obwohl sie weiß, dass es zu viel ist.

Dann entdeckt sie den Händler mit bunten Tüchern – Türkis, Grün, ein schreiendes Gelb. „Direkt aus dem Morgenland", sagt er. Maria streicht darüber, seufzt – und geht weiter.

Als die Sonne untergeht, funkeln Öllampen an den Zelten. Ein Bänkelsänger singt von einem Fischer, der den Teufel austrickst. Die Kinder starren mit offenem Mund.

Maria zählt die Münzen. Es reicht noch für einen Krug Most. Den gönnt sie sich. Einmal im Jahr.

Historische Fakten

Jahrmärkte waren Ausnahmezustand – laut, voll, fremd, gefährlich und faszinierend zugleich. Sie verbanden Handel, Unterhaltung und Chaos.

Was den Jahrmarkt ausmachte:

- **Ort:** Meist vor der Stadt – auf großen Plätzen oder Wiesen, mit Toren und Marktordnung
- **Dauer:** Einige Tage bis Wochen – meist einmal im Jahr, an kirchlichen Festen
- **Handel:** Händler aus anderen Regionen boten Waren an, die sonst niemand kannte
- **Unterhaltung:** Gaukler, Seiltänzer, Tierdressuren, Wahrsager, Musikanten – der Jahrmarkt war Bühne
- **Essen:** Gebackenes, Süßes, Getreidebrei mit Honig, gebratene Äpfel, gewürzter Wein
- **Risiken:** Taschendiebe, Betrüger, Prügeleien – die Stadt stellte oft eigene Wächter ab
- **Faszination:** Für viele das einzige Mal im Jahr, etwas Neues zu sehen oder zu schmecken
- **Glauben und Spott:** Prediger wetterten oft gegen das „Sündenspektakel“ – meist ohne großen Erfolg

- **Geld:** Wer sparen konnte, gab es hier aus – und bereute es später nicht

Der Jahrmarkt war wie ein Fenster in eine andere Welt. Für einen Moment zählte nicht der Alltag, sondern das Staunen.

Jahrmärkte heute:
Volksfeste, Rummelplätze, Straßenfeste – die Idee lebt weiter. Nur der Bär tanzt nicht mehr. Hoffentlich.

Hochzeit im Dorf

“Solange das Brot reicht“

Kirchhof bei Bad Windsheim, um 1372
Die Glocken läuten, die Sonne brennt auf frisch gekalkte Mauern. Anna steht neben dem Bräutigam, die Hände feucht, das Kleid geliehen. Der Kranz auf ihrem Kopf ist selbst geflochten – mit Kornblumen und Hafergras.

Der Pfarrer räuspert sich, alle schauen. Sie spürt den Blick der Schwiegermutter wie ein Spieß im Rücken. „Gehorsam, Treue, Fleiß“, sagt er. Anna nickt. „Kindersegen“, murmelt jemand in der zweiten Reihe. Der Bräutigam drückt ihre Finger. Fester, als sie gedacht hätte.

Der Segen kommt, das Amen auch. Jetzt sind sie ein Paar – vor Gott, der Gemeinde und der Nachbarin, die genau zählt, wer wie oft lacht.

Im Hof wartet das Essen. Graupensuppe, Brot, etwas Speck – und ein großer Laib Käse, den der Vater heimlich zur Seite gelegt hat. Der Most ist schwach, aber reicht für rote Wangen.

Ein Gaukler springt durchs Heu, drei Mägde klatschen, ein Knecht spielt auf der Flöte.

Anna tanzt. Zum ersten Mal seit Langem. Der Bräutigam tritt ihr auf den Fuß, entschuldigt sich. Sie lacht. Und das Kind ihrer Tante ruft: „Sie mag ihn doch!"

Für einen Moment ist alles leicht. Und das Brot reicht.

Historische Fakten

Heiraten war kein romantisches Märchen – sondern ein sozialer und wirtschaftlicher Vertrag. Aber gefeiert wurde trotzdem.

Wie im Mittelalter geheiratet wurde:

- **Vertrag statt Liebe:** Ehen wurden oft arrangiert – zwischen Familien, mit Blick auf Besitz und Stellung
- **Einwilligung:** Beide mussten zustimmen – aber der Druck war groß, vor allem auf die Frauen
- **Kirchliche Trauung:** Wurde ab dem 12. Jh. zum Standard – mit Pfarrer, Segen und Gelübde
- **Mitgift und Ausstattung:** Die Braut brachte Bettzeug, Töpfe, vielleicht ein Stück Acker – der Bräutigam das Dach
- **Feier:** Je nach Stand: Brot und Bier auf dem Hof oder Spanferkel beim Adel
- **Musik und Tanz:** Selbst gemacht – mit Flöte, Sackpfeife, Handtrommel oder Gesang
- **Bräuche:** Kranz, Schleier, Brotbrechen, Brautbettsegnung – regionale Unterschiede
- **Trinken:** Meist Dünnbier oder Most – Wein war teuer und selten

- **Verantwortung:** Mit der Ehe begann das „richtige Leben“ – Arbeit, Kinder, Pflichten

Die Hochzeit war ein Tag der Gemeinschaft – zwischen Pflicht und Freude, zwischen Erwartung und einem Hauch Glück.

Hochzeiten heute:
Oft frei wählbar, individuell gestaltet – mit Blumen, Tanz und, wenn’s gut läuft, ohne Schwiegermutterblick.

Die Pest klopft an

"Das Zeichen an der Tür"

Dorf hinter Bamberg, um 1348
"Sie haben ein Kreuz gemalt. Mit Kalk, direkt auf das Holz. Die Tür von Lenas Nachbarn. Gestern noch hat sie der Frau Brot gebracht. Heute schweigt das Haus.

Der Knecht aus dem Nachbardorf sagt, der Schwarze Tod sei nun auch hier. Erst kam er mit den Händlern, dann mit den Ratten, jetzt mit dem Wind.

Lena zieht das Kopftuch tiefer. Niemand geht mehr zur Kirche. Nur der Pfarrer – und der trägt jetzt Handschuhe aus Leder.

In der Stube riecht es nach Essig. Sie hat Tücher darin getränkt, hängt sie ans Fenster. Die alte Kräuterfrau hat's geraten. Und der Abt hat gesagt, Beten hilft.

Ihr Mann hat Husten. Noch nicht schlimm, aber sie zählt schon die Tage. Zwei Häuser weiter schreit jemand. Kurz, dann wieder Stille. Die Totengräber sprechen nicht. Sie kommen, holen, gehen.

Lena sitzt am Herd, zählt ihre Vorräte. Und die Stunden. Und die Namen derer, die noch da sind.

Am Abend zündet sie eine Kerze an, obwohl das Wachs fast alle ist. Sie stellt sie auf die Fensterbank, zwischen die Essigtücher.

Draußen huscht eine Gestalt vorbei. Vielleicht noch ein Nachbar. Vielleicht nur der Wind. Lena sagt leise ein Vaterunser. Und dann noch eins. Für alle Fälle.

Historische Fakten

Die Pest war eine der größten Katastrophen Europas – schnell, tödlich, unbegreiflich. Und sie hinterließ tiefe Spuren.

Was die Pest bedeutete:

- **Zeit:** Der Schwarze Tod kam 1347/48 über Handelsschiffe nach Europa – in Wellen, über Jahrzehnte
- **Ursache:** Wahrscheinlich Yersinia pestis – über Flöhe auf Ratten, später auch Mensch zu Mensch
- **Symptome:** Fieber, Schüttelfrost, Beulen, schwarzes Gewebe – oft tödlich nach wenigen Tagen
- **Verbreitung:** Schnell – über Straßen, Wasserwege, Märkte, Pilger, Händler
- **Sterberate:** Mancherorts überlebte nur jeder Zweite – ganze Dörfer wurden ausgelöscht
- **Maßnahmen:** Hausabriegelung, Quarantäne, Rauch, Essig, Buße – oft wirkungslos
- **Angst und Schuld:** Juden, Bettler, Fremde wurden oft beschuldigt – mit tödlichen Folgen
- **Glaube:** Viele sahen die Pest als Strafe Gottes – es folgten Bußzüge, Selbstgeißelung, Aberglaube

- **Folgen:** Arbeitskräftemangel, Lohnsteigerung, gesellschaftlicher Umbruch – und kulturelle Narben

Die Pest kam, ohne verstanden zu werden – und veränderte alles. Wer überlebte, lebte in einer anderen Welt.

Pandemien heute: Medizin, Forschung und Schutzmaßnahmen sind weit fortgeschritten – aber Angst, Gerüchte und Verunsicherung bleiben ähnlich.

Das Johannisfeuer

“Spring, wenn du dich traust“

Dorfwiese bei Erfurt, um 1399
Das Feuer ist hoch. Die Funken tanzen in den Himmel, als wollten sie den Mond kitzeln. Der Junge neben Greta rutscht nervös von einem Fuß auf den anderen. „Springst du?“, fragt er. Greta sieht auf ihre Röcke. „Nur, wenn du auch springst.“

Die Leute stehen im Kreis. Der Dorfpfarrer murmelt was über Johannes den Täufer, aber niemand hört richtig zu. Zu sehr duftet es nach Rauch, Kräutern und altem Most.

Ein Bauer wirft einen Kranz ins Feuer. „Für die nächste Ernte“, sagt er. Eine Magd verbrennt ein Zettelchen mit dem Namen ihres Schwarmes. Es zischt kurz.

Als die Glut hell genug ist, springen die Ersten. Zwei Jungen, lachend. Ein älteres Paar, das fast stürzt. Dann Greta. Sie rennt, hebt ab – und landet mitten im Lachen. Der Junge folgt.

„Jetzt musst du mich heiraten“, ruft er. Greta grinst. „Frag mich morgen nochmal.“

Später tanzen sie. Barfuß, im Gras, mit rußigen Händen und roten Wangen. Irgendwer singt ein Lied, das niemand mehr kennt.

Als das Feuer langsam sinkt, nimmt Greta ein Stück verkohlten Ast mit. Für Glück, sagt man. Und weil es manchmal hilft, etwas Altes zu verbrennen, bevor etwas Neues beginnt.

Historische Fakten

Die Johannisnacht (23. Juni) war ein magischer Zeitpunkt – Sommerbeginn, Lichtwende, Schutz und Hoffnung zugleich. Das Feuer hatte viele Bedeutungen.

Was das Johannisfeuer bedeutete:

- **Heidnischer Ursprung:** Ursprünglich ein Sonnenwendritual – später mit christlichem Fest (Johannes der Täufer) verbunden
- **Zeitpunkt:** Zur Sommersonnenwende – meist in der Nacht vom 23. auf den 24. Juni
- **Brauch:** Große Feuer wurden entzündet, oft auf Hügeln – als Zeichen für Schutz, Reinigung, Fruchtbarkeit
- **Sprung über das Feuer:** Brachte Glück, Gesundheit – Paare sprangen oft gemeinsam
- **Kräuterverbrennung:** Beifuß, Johanniskraut, Eisenkraut – um Krankheiten und Dämonen fernzuhalten
- **Geselligkeit:** Musik, Tanz, Essen – das Dorf kam zusammen
- **Aberglaube und Magie:** Man glaubte, in dieser Nacht könnten Tiere sprechen – und Träume und Wünsche wahr werden.

- **Kirchliche Duldung:** Die Kirche passte das Fest christlich an – verbot aber einzelne Bräuche wie Wahrsagerei
- **Verbindung zur Natur:** Johannisnacht markierte die Wende – von zunehmendem Licht zum langsamen Rückgang

Das Johannisfeuer war mehr als ein Fest – es war ein Moment zwischen Licht und Schatten, Hoffnung und Abschied. Und jeder, der sprang, glaubte ein bisschen daran.

Johannisfeuer heute:

In vielen Regionen lebt der Brauch weiter – als Dorffest, Heimatabend oder Sommerritual. Die Glut lodert, auch wenn keiner mehr weiß, warum.

Winter in der Burg

"Dicke Mauern, dünne Decken"

Höhenburg in Franken, um 1312
Der Wind pfeift durch die Ritzen im Fensterladen. Die Fackeln flackern, das Feuer knackt. Irmgard zieht den Umhang enger um die Schultern. Die Steine unter ihren Füßen sind eiskalt, selbst durch zwei Paar Strümpfe.

In der Küche frieren die Töpfe fest. Nur der Kessel über dem Herd ist noch warm – ein Brei, der schon gestern nicht gut war.

Der Burgherr sitzt im Saal, eingewickelt in Pelz. Er schreibt einen Brief, klagt über die Kälte. Der Knecht am Ofen schiebt Holz nach – viel ist nicht mehr da.

Irmgard trägt heißes Wasser ins Frauengemach. Die junge Herrin hat rote Finger und Husten. „Riechsalz und Decken", sagt sie. „Und keine Nachrichten von meinem Vater?"

Draußen liegt Schnee auf den Wehrgängen. Ein Hund winselt im Hof.

Die Wache läuft in dicken Stiefeln auf und ab – nicht wegen Feinden, sondern gegen das Erfrieren.

Irmgard schaut aus dem Fenster, sieht nichts als Nebel und weiße Zinnen. Unten im Stall dampfen die Pferde. Ob sie wärmer stehen als sie selbst?

Am Abend legt sie sich in die Kammer, unter zwei Decken. Der Wind heult wie ein Wolf. Sie zählt die Tage bis Lichtmess. Noch achtundzwanzig.

Historische Fakten

Burgromantik hört beim ersten Frost auf. Der Winter war kalt, feucht und beschwerlich – auch für die, die „oben“ lebten.

Wie der Winter auf der Burg aussah:

- **Kälte:** Burgmauern speicherten kaum Wärme – viele Räume blieben tagelang eisig
- **Heizung:** Nur offene Kamine und kleine Öfen – das meiste Holz ging in den Saal, nicht in die Kammern
- **Fenster:** Kleine, ungeglaste Öffnungen mit Läden oder geölten Tierhäuten – undichte, zugige Stellen
- **Kleidung:** Mehrere Schichten – Leinen, Wolle, Pelz – auch in Innenräumen getragen
- **Hygiene:** Wasser fror in Krügen ein – das Waschen war mühsam, Bäder selten
- **Küche:** Vorräte mussten reichen – eingemacht, getrocknet, geräuchert, eingelegt
- **Licht:** Kurze Tage, lange Nächte – beleuchtet mit Talglichtern, Kienspänen, Fackeln
- **Krankheiten:** Erkältungen, Fieber, Husten – Heilmittel begrenzt, Räume oft feucht

- **Winterarbeit:** Spinnen, Nähen, Schreiben, Planen – draußen war wenig zu tun
- **Sehnsucht:** Nach dem Frühling – und Lichtmess am 2. Februar, dem „Wendepunkt“

Winter auf der Burg war nicht edel – sondern eine tägliche Herausforderung. Für Diener wie für Herren.

Winter heute:
Heizungen, Fenster, Licht – das Leben ist komfortabler geworden. Aber auch heute zählt jeder Tag bis zum Frühling.

Alte Redensarten heute noch lebendig

„Da liegt der Hund begraben“

Früher bedeutete das: Hier liegt etwas Wichtiges versteckt – oft auch ein Schatz. Heute heißt es: Hier ist der wahre Grund für ein Problem.

Schlusswort

Das Mittelalter liegt lange zurück – und doch wirkt vieles davon nach. Nicht in Form von Burgen oder Schwertern, sondern in unseren Vorstellungen, in Sprichwörtern, in Regeln, manchmal sogar in Ungerechtigkeiten.

Dieses Buch wollte zeigen, wie das Leben wirklich war: mühsam, schlicht, gefährlich – aber auch erfinderisch, gemeinschaftlich und voller Rituale. Keine Helden, keine Legenden. Sondern Menschen, die durchgehalten haben.

Einige Dinge erscheinen heute fremd, andere erstaunlich vertraut. Und wer genau hinschaut, erkennt: Die Geschichte ist nie ganz weg. Sie steckt in dem, wie wir heute wohnen, arbeiten, denken – und feiern.

Wer das verstanden hat, sieht die Vergangenheit nicht als Kulisse, sondern als Teil unserer Gegenwart.

Alle Bücher aus der Reihe "Kleine Wissenslektüre" von Peter Dorten

Band 1: Kleine Wissenslektüre - Wilder Westen
Band 2: Kleine Wissenslektüre - Mittelalter
Band 3: Kleine Wissenslektüre - Erfindungen
Band 4: Kleine Wissenslektüre - Südamerika
Band 5: Kleine Wissenslektüre - Handwerk
Band 6: Kleine Wissenslektüre - Tiere der Nacht
Band 7: Kleine Wissenslektüre - Künstiliche Intelligenz

Weiter folgen ...

Über den Autor

Peter Dorten interessiert sich seit Jahren für Geschichte – nicht im akademischen Sinn, sondern im echten, menschlichen. Ihn interessieren keine Datenreihen oder Herrscherbiografien, sondern der Alltag: Was gab es zu essen? Wie schlief man im Winter? Wer durfte reden – und wer nicht?
Mit dieser Wissenslektüre möchte er das Mittelalter erfahrbar machen – nicht als düstere Legende, sondern als Lebensrealität. Ohne Verklärung, ohne Drama. Einfach ehrlich.

Seine Texte verbinden kurze, fiktive Szenen mit historischen Fakten. Es geht nicht um Heldensagen, sondern um das, was Menschen getragen hat – durch Entbehrung, Arbeit, Feste und Wandel.

„Kleine Wissenslektüre zum Mittelalter" ist der zweite Band einer Reihe über Geschichte im Alltag. Und vielleicht auch über uns.

Haftungsausschluss:
Dieses Buch enthält fiktive Geschichten, die auf historischen Recherchen basieren. Die dargestellten Ereignisse, Figuren und Szenen sind frei erfunden oder inspiriert von überlieferten Quellen.
Die Sachtexte beruhen auf dem aktuellen Stand historischer Forschung zum Thema Mittelalter, erheben jedoch keinen Anspruch auf Vollständigkeit.
Das Buch dient der allgemeinen Information und der unterhaltsamen Wissensvermittlung. Es ersetzt keine wissenschaftliche Fachliteratur.

Impressum:
Peter Dorten wird vertreten von
Brigitte Blazejewski
Lohbrügger Landstr. 83
21031 Hamburg
www.wissenslektuere.info
Email: peterdorten.wissenslektueren@gmail.com
ISBN: 978-3-9827330-1-2

Deine Meinung zählt!

Ich würde mich sehr darüber freuen, wenn du dein Feedback zu meinem Buch

„Kleine Wissenslektüre zum Mittelalter“

mit anderen teilen würdest. Deine Bewertung ist von unschätzbaren Wert.

Vielen Dank für deine Unterstützung.

Um dein Feedback zu hinterlassen:
Öffne die Kamera-App
Zeige mit deinem Mobilgerät
auf den QR-Code
Die Bewertungsseite wird in
deinem Browser erscheinen.

Printed in France by Amazon
Brétigny-sur-Orge, FR

41480255R00080